[瑞士] 托比亚斯·施特劳曼 - 著
刘天宇 - 译

债务、危机与希特勒的崛起

1931

山东人民出版社
国家一级出版社 全国百佳图书出版单位

图书在版编目(CIP)数据

1931:债务、危机与希特勒的崛起 / (瑞士) 托比亚斯·施特劳曼著; 刘天宇译. -- 济南:山东人民出版社, 2021.9(2023.5 重印)
ISBN 978-7-209-13478-1

Ⅰ. ①1… Ⅱ. ①托… ②刘… Ⅲ. ①德国–历史–1931 Ⅳ. ①K516

中国版本图书馆 CIP 数据核字(2021)第 186077 号

版权登记号:15-2021-217

1931:债务、危机与希特勒的崛起
1931:ZHAIWU WEIJI YU XITELE DE JUEQI
著　　者　【瑞士】托比亚斯·施特劳曼
译　　者　刘天宇
主管单位　山东出版传媒股份有限公司
出版发行　山东人民出版社
出 版 人　胡长青
社　　址　济南市市中区舜耕路 517 号
邮　　编　250003
电　　话　总编室(0531) 82098914
　　　　　市场部(0531) 82098027　82098021
网　　址　http://www.sd-book.com.cn
印　　装　唐山富达印务有限公司
经　　销　新华书店
规　　格　32 开(145 mm×210 mm)
印　　张　9.5
字　　数　182 千字
版　　次　2021 年 10 月第 1 版
印　　次　2023 年 5 月第 2 次
印　　数　6001–9000
ISBN　978-7-209-13478-1
定　　价　69.00 元

前言

这本书的主题是现代社会重要的事件之一——1931 年德国金融危机。那一年夏天，德国银行系统部分发生了崩溃，德国政府停止偿还部分外债，同时暂停了德国货币的自由兑换。这些冲击引发了全球清偿危机，破坏了金本位的国际货币体系，并在美国引发了严重的银行业危机，最终使得国际经济衰退演变成了一场经济大萧条。1931 年德国金融危机导致了毁灭性的政治后果：它破坏了民主党派已经建立的政治基础，并促成了希特勒的崛起，让他能够通向权力之路。

最初创作这本书的想法来自我的一个信念，即“公众并不了解 1931 年德国金融危机这一事件，以及它在希特勒迅速从选举中获得成功的过程中所起的关键作用”。但促使我立即动笔开始写作的原因是，我对自己观察到的人们围绕欧元危机展开的激烈辩论感到不安。这场危机于 2010 年在希腊爆发，并波及其他南欧国家和爱尔兰。就像 1930 年发生的那样，政府债务、私人债务、银行倒闭和有缺陷的货币体系连接起一个注定会出现问题的闭环，这个闭环导致了一场震惊西欧政界的金融危机——在我看来，它在持续地动摇西欧的政治基础。

无论如何，1931 年德国金融危机与当下的辩论息息相关。德国危机的根本原因是当事方受制于国内政治现实，无法满足国际协议的要求。第一次世界大战的战胜方希望能设计出一个赔偿计划，借此在不压垮德国的前提下对其进行惩罚。为了实现这个目的，许多抱有善意的外交官和政治家多次尝试改造这一计划，使其对德国更加宽容，他们的成果便是 1930 年所谓的“杨格计划”。但是，杨格计划的谈判者未能充分考虑到德国迅速恶化的经济和政治局势。1929 年开始的经济衰退迫使当时海因里希・布吕宁总理领导的政府屡次降低工资、削减支出、提高税收，并通过这些办法偿还德国的战争赔偿和其他外债，这进一步加剧了经济衰退，并直接促成希特勒的上台。

希特勒热衷于将德国的经济困难归咎于外部力量的影响。而由于几乎所有的魏玛政客都对赔偿制度不满意，所以他们并没有将精力花费在反驳希特勒的论点上。当然，希特勒的这些批判对他上台所起的帮助作用被夸大了。不言而喻，还有其他因素促使希特勒取得成功，比如他的个人魅力和政治才能；欧洲当时反犹太主义的大气候；希特勒反对布尔什维克主义的立场、对民族主义的强调和如救世主般许下的团结德国人民的承诺。然而，分析他的演讲和竞选活动的影响，我们会发现：他对赔偿制度的无情谴责成功地给其他人留下了深刻的印象。外债、紧缩政策和希特勒的崛起息息相关。

为了展开叙述，我从和朋友、同事的多次交谈中汲取灵感。其中最重要的当数马库斯·迪姆·迈尔、马库斯·索姆和奥利弗·齐默。他们促使我明确论点——解释一场已经过去的金融危机与当今社会存在的关联。此外，奥利弗是我所知道的在社会变迁及其政治含义方面最敏锐的观察者，也是第一个鼓励我从经济以外的层面对 1931 年的德国金融危机进行反思的人。他不间断的支持是我完成这个项目的关键。以下的经济史学家同样对 1931 年的那场危机有强烈兴趣，我在和他们的交流中获益良多：奥利维尔·阿科米诺蒂、亚历山大·阿波斯托利季斯、约翰内斯·贝尔、西蒙·班霍尔策、文森特·比尼翁、厄于温·艾特尔海姆、马克·弗朗德罗、胡安·弗洛里斯、卢卡·弗勒利歇尔、佩尔·汉森、克莱门斯·约布斯特、拉尔斯·乔农、德鲁·基林、扬·托雷·克洛夫兰兹、彼得·库格勒、马蒂亚斯·莫里斯、拉尔斯·厄格伦、拉尔斯·弗雷德里克·奥克森达尔、玛丽·奥沙利文、詹卢卡·帕尔迪尼、亚历山大·拉特克、阿尔弗雷德·雷肯德里斯、萨马德·萨费拉兹、马克·施珀雷尔、斯特凡诺·乌戈利尼、斯科特·厄本、汉斯－约阿希姆·福特、弗洛里安·韦伯、乌尔里希·沃伊特克和尼古劳斯·沃尔夫。最后，我要感谢伊恩·罗杰，他帮助我阐明自己的想法，使这本书具有可读性；感谢卢恰娜·奥弗莱厄蒂和她在牛津大学出版社的工作人员的出色管理与支持。

目 录

绪论

1931 年 7 月 14 日，纳粹党[1]柏林分支的领导人兼纳粹党的宣传主任约瑟夫·戈培尔感到欢欣鼓舞。“政治中最疯狂的事情发生了，”他在日记中写道，“信誉已经丧失殆尽。布吕宁总理遇到了严重的问题。我们的国家正处在破产边缘。属于我们的时刻正伴随着可怕的确定性临近，而我们将会抓住这一时刻。布吕宁之后，该轮到我们了。”（注 1）[2]

很遗憾，戈培尔做的估计只有一部分是对的。德国的金融危机以惊人的速度促成了魏玛共和国的瓦解。短短 18 个月之后，在 1933 年 1 月，希特勒就被兴登堡总统任命为总理。戈培尔也做出了错误的估计——他认为纳粹党会在布吕宁之后立刻接管政府。而实际上，还有另外两人曾在希特勒掌权前短暂地坐过总理的位置：弗朗茨·冯·帕彭和库尔特·冯·施莱歇尔。但

1 作者在原著中采用了多个名称称呼纳粹党，包括但不限于“德国国家社会主义工人党”“国社党”“纳粹党”等。为了保持译文关键词一致，除了引用文段外，译者在译文中只使用“纳粹党”和“纳粹分子”。

2 标有括号的注释是作者对原作进行的注释，注释内容在本书最后“注释”单元列出。其他正文下的注释为译者做出，主要是为了方便读者理解。

戈培尔基本的直觉是正确的。一个关闭银行、引入资本控制并且在经济深度衰退时声明部分违约[3]的政府几乎没有机会生存下来。布吕宁尝试掌权至1932年5月，但在1931年7月身受重创。

德国在1931年的金融危机不仅为纳粹分子提供了所需的开放机会，而且引发了国际清偿危机，使全球的银行和金融市场陷入混乱。惊慌失措的投资者迫使英镑脱离了金本位制[4]，从而在诸如印度和日本这样遥远的地方掀起了一波货币贬值的浪潮。此外，它还引发了美元贬值以及美国的银行业危机。就像多米诺骨牌一样，全球经济的支柱接连倒下。使世界陷入经济萧条的不是1929年的股市崩盘，而是1931年德国的经济危机，而这次危机又进一步削弱了德国经济和柏林政府。

这之后，历代学者都在研究这个特殊的年代与这场政治和经济上的浩劫。（注2）现在我们正处在摆脱另一场严重的金

3　1931年，德国与奥地利结成关税同盟。害怕两国联合的法国强力反对，禁止国内银行贷款给德国或奥地利，德国银行因此陷入困境。同年6月，为了报复法国的资金禁令，布吕宁发出了正式的声明：德国已经没有偿付能力，所以将不再继续支付第一次世界大战的战争赔偿。此声明一发布，德国的经济评价迅速下滑，进而导致了全国范围的信用危机。此次声明成功缓和了支付赔偿义务的压力，但将德国搞得一团糟。兴登堡总统也对布吕宁表示了不满。

4　“金本位”是一种贵金属货币制度，于19世纪中期开始盛行。在金本位制度下，每单位的货币价值等同于若干重量的黄金的价值。当不同国家使用金本位时，国家之间的汇率由它们各自货币的含金量之比值（金平价）来决定。金本位有三种形式：金币本位、金块本位和金汇兑本位。因为世界黄金产地分布不均和黄金易磨损，金币本位在第一次世界大战后被金块本位和金汇兑本位所取代。后两种金本位形式也随着美国于1971年停止美元与黄金挂钩、布雷顿森林体系终结而逐渐消失。

融危机的过程中，生活在政治两极化的世界，因此，现在是时候来回顾 1931 年的这起事件了。从它发生以来，我们需要解答的中心问题只有一个：为什么政策的制定者没能够避免这样的灾难？

一个普遍的假设是他们并没有看到危机来临，也有一些事实能够证明这一观点：早期来自独立经济学家的预警被忽视了，很多政治家沉迷于缺乏基本经济素养的道德宣讲。直到纳粹党在 1930 年 9 月的德国国会选举中大获全胜，在德国引发了一场货币危机之后，许多政客才意识到德国正处于金融崩溃的边缘。从那时起，他们原本有足够的时间来防止灾难的发生。因此，认知惯性仅能解释这场悲剧发生原因的一部分。

但是，政策的制定者如果意识到了他们已危在旦夕，那么为什么在这么长的时间后才采取行动？他们是否缺乏做出艰难决定的勇气？有一些证据能够支持这一观点，比如，毫无疑问，当时在任的政治家并不是非凡的政界元老。但是，当我们研究那个时代的西方政治领导人的传记时，这些政治家看起来又显得不那么胆怯无能。美国总统赫伯特·胡佛是一位睿智且经验丰富的管理者，对欧洲的问题有着出色的见解。英国首相拉姆齐·麦克唐纳对国际合作表现出浓厚的兴趣，渴望建立缓解紧张关系的桥梁。法国的外交政策掌握在阿里斯蒂德·白里安的手中，他是曾为法国服务过的、最有能力的外交官之一。德国总理海因里希·布吕宁也被认为是一位头脑精明的政治家，并且是那个时代制定财政政策的权威专家之一。当然，这些人都犯了错误，尤其是布吕宁，但很难说如果换成另一批政客上任，他们就能轻易地将这枚嘀嗒作响的炸弹拆除。

另一个假设则强调了限制政客进行操作的制度框架。这似乎是最合理的解释。在20世纪30年代初期，由于沉重的外债负担，德国政府几乎没有回旋的余地。德国政府不仅必须支付第一次世界大战赔偿，而且由于在20世纪20年代后期的繁荣时期大举向外国银行举债，德国还背负着沉重的外债。当世界经济危机爆发时，德国政府别无选择，只能推行紧缩政策，这进一步加深了衰退程度，德国政府也被迫数次削减开支和增加税收。此外，金本位制很难为银行体系提供足够的流动性。按照规定，德国央行需要为所有流通中的纸币至少持有40%的黄金和外汇储备。在这种险恶的背景下，激进党派赢得选举、金融和货币体系崩溃只是时间问题。（注3）

很明显，债权人（无论是私人还是具备公营背景的人）都能够且应该免除德国的债务，有很多重要人士只提出了这么简单的要求。但法国、英国和美国的政客都因为可以被理解的原因犹豫了，选择了更渐进的外交办法。因为对于大战的记忆仍然清晰，政府之间都不信任彼此，战争的主要参与国的国内舆论对重大让步和免除债务持怀疑态度。不仅如此，危机以极快的速度加深，政治和外交的例行安排都无法承受如此压力。最终，在危机发生后的第 11 个小时，美国总统胡佛提出了一项旨在制止德国货币挤兑的倡议，但是为时已晚，这场金融危机已不可避免。

因此，德国的危机具有启发性，并不是因为它表明政客有时没有勇敢地采取行动——这是可以预料的，而是因为我们大多数人都喜欢安全。相反，它为我们上了永恒的一课，说明正确地达成国际协议有多么重要。在 20 世纪 20 年代，协约国未能提出与德国的经济和政治现实相匹配的赔偿制度。没错，外交官和政客们努力调整赔偿制度以适应不断变化的情况，他们举行了近三十次特别会议，并商定了 1924 年的道威斯计划和 1930 年的杨格计划[5]。但是，对一份 20 世纪 20 年代会议纪要的研究表明，鲜有证据证明当时有人意识到他们迫切需要一份更现实的新方案。“在政治上可行、经济上合理的选项就是战争，”一位当代观察家恰当地总结了 1919—1931 年发生的悲剧，“这就像一场发生在山坡上的拉锯战，政治力量在不停地努力，希望能够向山上更进一步。有时他们的确能取得一些胜利，而更占优势的经济因素却将他们稳稳地送上了下山的路。”（注 4）

后面的部分将重点介绍最具戏剧性的时期，即从 1930 年 1 月杨格计划被通过到 1931 年 7 月金融危机爆发这一段时间。在第一部分中，我们将看到大多数银行家、外交官和政治家在解

5　杨格计划（英语：Young Plan），也译作“扬计划”或“扬格计划”。

读正在发生的事情的重要性时反应迟钝。第二部分描述了他们了解到所面临风险的转折点，以及他们如何在条件约束下尝试改变。第三部分描述了避免灾难的努力最终失败和金融危机的迅速恶化。这是一个堪比《圣经》的故事[6]，说明了开始看似可控的局势很快就会失控的道理。

6　《圣经》中有多处类似的道理，如《旧约全书・出埃及记》中摩西和法老的故事就是很好的例子。

第 一 部 分

自信

1　嘲笑乌鸦

1930 年 1 月，来自维也纳的经济学家菲利克斯·索玛瑞在海德堡大学发表了“关于世界经济展望”的演说。索玛瑞是当时颇受尊敬的经济分析家之一。当危机逼近时，各国的部长、央行行长和商业领军人物——包括奥地利的罗斯柴尔德家族、德国中央银行的行长亚尔马·沙赫特，以及社民党的财政部长鲁道夫·希法亭等——都很关心索玛瑞发表了什么意见。索玛瑞称自己为“政治气象学家”，他在苏黎世的一家小型私人银行 Blankart & Cie. 以合伙人的身份谋生。因为已经实现了财务独立，他可以自由发表自己关于世界形势的真实想法。（注 1）

索玛瑞在海德堡的朋友希望确认一件事情，那就是最近华尔街股市的崩盘是否标志着严峻的欧洲经济减速的开始。索玛瑞也见证了纽约的黑色星期四（1929 年 10 月 24 日），证券市场在一天的时间里就损失了超过 10% 的市值。他被市场上人们信心崩溃的景象触动，便立刻通知苏黎世的合作伙伴：“让我们的客户离开市场，危机才刚开始。”果不其然，一个月后，欧洲便发生了两起让他更为震撼的事件：奥地利农村信贷银行

（当时奥地利第二大银行）在数周之内宣布破产，布鲁塞尔银行（当时比利时第二大银行）也因为股票市场的崩盘而经历了大规模的资产减记。（注 2）

索玛瑞将一个很严肃的信息传递给海德堡的听众："我确信，11 月发生在布鲁塞尔和维也纳的事情只是近一个世纪以来最严重的危机的开始——对，只是开始，只是第一幕。我们不会在几个星期或者几个月内就能摆脱这场灾难，而是数年。奥地利农村信贷银行的倒闭和布鲁塞尔银行的重建只是雷鸣前的一道闪电，我们将会见证更大规模的失败。"

索玛瑞对这两起事件持非常消极的态度，因为在他看来，这两家银行的失败并不是孤立事件，而是国际收支不平衡压力在以一种混乱的方式被释放出来时所表现出的症状。在第一次世界大战后，协约国决定继续遵循彼此间的战争债务要求，并以高额赔偿法案惩罚德国[7]。这在索玛瑞看来就是人为制造灾难的最佳办法。"是什么将我们带入险境？是那数额惊人但无法偿还的债务。欧洲国家本应该向美国支付它们的战争债务，但很明显它们不知道如何进行'长期汇款'，所以直接向德国索取所有赔付。"

这些属于德国的债务还没有崩盘，是因为来自私人的短期资本将它们稳定了下来，而这些资本的流向地正是德国。索玛瑞认

7　德国需支付 2260 亿马克的战争赔偿，而且必须以黄金支付。直到 1983 年，德国才刚付清第一次世界大战战争赔偿的本金，而赔偿的利息则要到 2010 年才能全部结清。

为，这些债务只会让事情变得更糟。“德国无法偿还这些债务，只不过短期贷款系统[8]掩盖了这一事实，这一短期贷款系统甚至无法被德国的财政实力证明是正当的。”为了得到这些贷款，包括德国在内的债务国不得不将工业和农业的利率设定在一个非常高的水准，如果只凭行业盈利，它们甚至都付不起利息。债务国的银行系统就是整个债务链条最薄弱的一环，崩盘必将在这里发生。而提供贷款的银行也将在劫难逃。“商业银行和抵押银行的经营建立在债务人的偿还能力之上，而债权国银行的经营又建立在债务国银行的偿还能力之上。”现在看来，无论在哪一个链条中，“偿还能力”都只是一个虚构的概念，因此建立在这一概念上的国际金融结构也如同纸牌搭建起的房屋般不堪一击。

“我们已经没有什么时间来避免崩盘了，”索玛瑞发出了这样的警告，“这一债务链聚集了国内的和国际的风险，它断裂的时间点将会比我们能想到的更近。也许战争赔偿和国际政治债务最终会在这场充满危机的旋涡中消失，但我们大概率也可以预见到，国际私人债务也会受到冲击(程度是前所未有的)。”一旦下行通道开启，德国将会陷入一个极其危险的境地。“危机程度越深，德国短期债务再融资的难度就越大，国际资金撤出德国的风险也就越大，那样我们就会陷入国际性的破产[9]。”

---

8 “短期贷款系统”即前文提到的“来自私人的短期资本”。

9 前文提到过，债权国银行的经营建立在债务国银行的偿还能力上，如果债权国资金(国际资金)被迫撤出债务国(德国)，那么它们的经营项目也将陷入困境，甚至破产。

“但是我们还有一个可以使系统的重心重新得到平衡的策略。”索玛瑞对这一系统性问题提出了自己的看法：德法合作必须结束。“如果不能结束这一合作，那么，我们将会目睹外汇管制和进出口禁令被取消，最后也许不会再出现通货膨胀，但银行和公共财政的崩溃会进一步撕裂经济。”（注 3）

现在我们知道了，德法合作并没有结束，事实证明了索玛瑞（图 1）是绝对正确的：华尔街的崩盘和奥地利、比利时的银行问题引起的恐慌并不是暂时的，这些问题的出现意味着人类进入现代以来最大规模经济危机的开始。

图 1　菲利克斯·索玛瑞，摄于 20 世纪 30 年代晚期

从1929年到1932年，世界工业生产指数减少了36%，甚至直到5年后的1937年，该指数都没有恢复到1929年的水平。同时期其他的指标也不容乐观：失业率飙升到两位数，原材料和制成品的价格各下跌了56%和36%，世界贸易实际收缩了三分之二。索玛瑞也正确地找到了德国这一最脆弱的环节，德国的财政崩溃将导致世界经济的大衰退。在1929—1932年短短几年时间内，德国工业生产指数蒸发了近50%，失业率则超过20%（在工业领域，失业率甚至超过了30%），实际国内生产总值收缩了25%，人均实际国内生产总值下降了17%。就像索玛瑞所预测的那样，随着危机的加深，战争赔偿和战争债务最终得到了缩减或免除，德国需要支付给外国银行的债务也可暂停偿还。国际经济分裂导致形成了数个货币和贸易集团，这也为全球化时代画上了句号。（注4）

为什么索玛瑞能够如此精准地预测到经济崩盘？原因之一是他的背景。他是一名接受过良好教育的经济学家，同时也是一名拥有丰富实践经历的银行家和政策顾问。他曾在维也纳大学学习，并以助理的身份为卡尔·门格尔[10]（那个时代杰出的经济学家之一）工作。1905年，索玛瑞开始为盎格鲁－奥地利银

10　卡尔·门格尔（Karl Menger，1840年2月23日—1921年2月26日），奥地利经济学家，奥国学派的创始人。1872年，门格尔成为维也纳大学讲师，次年升为教授（当时年仅33岁），并在接下来的几年里教授金融和政治经济学。经过他的授课和他在研讨班的指导，越来越多的学生接触了早期奥地利经济学派的理论。

行工作，这个设立在维也纳的机构是由伦敦金融城的杰出银行家们出资设立的，其中包括欧内斯特·卡塞尔爵士[11]。在这里，索玛瑞以总经理助理的身份几乎参与了所有的重要交易。“盎格鲁银行”[12]，就像它的名字一样，活跃于当时东欧与巴尔干地区的企业融资领域。这要求索玛瑞对这个动荡的欧洲一角[13]的政治和社会状况有深入了解。1909 年，他搬至柏林，成为一名独立讲师和银行家，并担任德国政府顾问一职。借此机会，他得以进一步了解欧洲政治和外交的内部运作方式。第一次世界大战期间，他和著名的社会学家马克斯·韦伯一起为威廉二世皇帝起草了一份备忘录，反对潜艇战的升级[14]（注 5）。第一次世界大战后，他将奥地利罗斯柴尔德家族的财产交给苏黎世的小型私人银行 Blankart & Cie. 保管，从而拯救了他们的财产。不久之后索玛瑞就被任命为银行的合伙人。

另一个可以解释索玛瑞能做出准确预测的理由是他天资聪

11　欧内斯特·卡塞尔爵士（Sir Ernest Cassel，1852 年 3 月 3 日—1921 年 9 月 21 日），生于普鲁士科隆（今德国科隆），17 岁时移居英国。他是当时富有的人之一，是英国国王爱德华七世、首相阿斯奎斯和温斯顿·丘吉尔的朋友。

12　“盎格鲁银行”是当时对盎格鲁 - 奥地利银行的简称。在第一次世界大战结束前且奥匈帝国尚未解体时，奥匈帝国对东欧、巴尔干的国家有很大的影响力。

13　巴尔干地区素有“欧洲火药桶”之称。在这里，各种民族、宗教冲突激烈。1914 年，奥地利斐迪南大公在巴尔干地区的萨拉热窝遭塞尔维亚民族主义者刺杀，这一事件也成为第一次世界大战的导火线。

14　第一次世界大战时，德国对英国实施海上封锁。任何船舶只要向英国方向行驶，不论是前往英国还是仅仅经过，都会被潜艇击沉，其中有不少无辜船舶甚至德国本国的船舶被击沉。

颖，能通过直觉察觉到正在逼近的灾难。他的一个朋友——瑞士外交官卡尔·雅各布·布尔克哈特，曾在一封写给奥地利作家胡戈·冯·霍夫曼斯塔尔的信中提道："你也认识这个有趣的伙计——索玛瑞……他是能够预测到危机的人之一。当我们谈及政治话题时，他总是很有远见。我以前从他那里听到的所有预言都已经成为现实，其中有些还是通过非常惊人的方式表现出来的。"索玛瑞也曾和自己的儿子说过："我能在我的骨头中感觉到未来，这不仅与知识有关。信号并非从我的大脑中发出，而是从我的骨髓中。"（注 6）

尽管有如此的天赋，索玛瑞却并不掌握所谓的"内部信息"。他所做的一切就是将点连起来。在 20 世纪 30 年代早期，国际收支不平衡[15]已经非常明显。美国是世界上最大的债权国，德国则是最大的债务国（详见统计图 1）。虽然比利时、法国、英国、意大利或多或少地实现了外债收支平衡，但它们的账目取决于德国向它们支付赔偿的意愿和能力。正如《经济学人》所描述的那样，协约国与德国之间形成的链条将两者通过"跨政府义务的宏大结构"捆绑在一起。（注 7）

15 "国际收支不平衡"与"国际收支平衡"是相对而言的。任何国家的外汇收支经常是不平衡的，或收大于支，或支大于出。

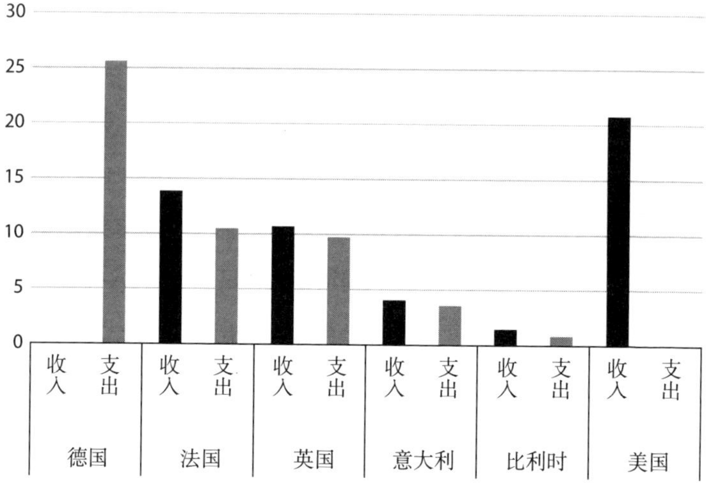

统计图 1　截至 1931 年 7 月 1 日尚未偿付的所有跨政府债务

众所周知，德国政府、各邦政府和市政府，甚至银行和其他公司都从私人资本（尤其是华尔街的）那里进行数额巨大的贷款，以便支持经济扩张和支付赔偿。在 1929 年底，德国欠外国银行的债务已达到 3100 万马克，这相当于当时德国三分之一的国民生产总值。如果将德国需要支付的赔偿也计算在内，那么德国的外债与国内生产总值的比例将会达到惊人的 86%。这些外债中，有相当一部分是需要在几周或几月内偿还的短期贷款。到了 20 世纪 20 年代后期，无论是德国的银行、公司还是政府当局都非常容易受到投资者反复无常的情绪的影响。（注 8）

为什么德国人在赔偿之外仍要增加自己的外债负担？在某

种程度上，德国国内信贷的缺乏和1923年恶性通货膨胀造成的企业资本不足导致了德国对外国资金的需求增加。这也是由于德国政府未能批准预算盈余以及在国际收支经常账户[16]盈余。虚弱的魏玛共和国[17]需要得到公众支持以度过战后的动荡年代，而办法只有增加公共服务以及让工资回归正常水平。通过增加外债，魏玛政府可以避免增加不受欢迎的国内税负，让工人劳有所得以及延缓重建工作所需要花费的真实成本。就像一名历史学家说的那样，“魏玛共和国是‘抵押来的民主’”。市长们（如科隆的康拉德·阿登纳）已经习惯了启动各种大型基建项目——从地铁到桥梁，从公园到公共游泳池，从音乐厅到足球场等，以提升选民对自己的忠诚度。（注9）

德国大肆举债的另一个原因是，外交部的一些官员看到了从美国的银行申请商业贷款的优势。他们认为，德国只要威胁说要拖欠私人投资者的高额债务，就能够促成战争赔偿减免。外长古斯塔夫·施特莱斯曼就曾在1925年的一场演说里进行了如下解释：“我们只需要拥有足够多的债务，多到我们的债权人发现如果他的债务人倒下了，他自己就会陷入危机之中……通过这样的方法，我们可以建立政治理解与未来政治支持间的桥梁。”德国外交部的一名高级官员在1927年的一则备忘录里

16 国际收支平衡表包括经常账户、资本与金融账户、误差与遗漏账户三类。经常账户下最重要的项目是贸易收支。

17 “魏玛共和国”（德语：Weimarer Republik）是于1919年建立的共和制德意志国家的俗称，正式名称为“德意志国”（德语：Deutches Reich）。

写道：“我们私人债务的数额越大，我们战争赔偿的数额就越小。”（注 10）

最后一个原因是，美国、英国、荷兰、瑞士的银行都喜欢这种交易。它们能从德国市场获得比本国市场更高的回报，而且人们普遍认为这是一项安全的投资。（注 11）德国依然是欧洲最强劲的经济体，在适当的时候必然会从战争的破坏中恢复过来。我们可以肯定，战争为德国增添了巨大的负担：200 万德国士兵死于战场，这一数字高于任何一个交战国；超过 400 万德国士兵负伤，他们中很多人不得不在重度残疾中度过余生；将近 100 万德国公民在战争中死亡。此外，《凡尔赛和约》强迫德国将阿尔萨斯－洛林[18]交还法国，并将东部的一些地区[19]割让给新成立的波兰。这一和约还剥夺了德国对其海外属地的占有权，没收了德国的海外财产，并将萨尔[20]煤矿所有权交给法国当局 15 年（地图 1）。即使如此，德国经济依然没有瘫痪。因

18 “阿尔萨斯—洛林”（法语：Alsace-Lorraine。德语：Elsaß-Lothringen）是历史上法德有过争议的一处地区。此地区本属神圣罗马帝国，自 1648 年《威斯特发里亚和约》后，法国取得阿尔萨斯大部，并继续保有洛林的部分地区。1871 年普法战争后，双方签订《法兰克福和约》，条约规定法国割让阿尔萨斯全省和洛林东部给德国。此地区在第一次世界大战结束后重归法国。

19 “一些地区”包括纺织业发达的工业中心西里西亚。1844 年的西里西亚织工起义在德国无产阶级革命史中占有重要的地位。

20 “萨尔”〔英语惯用“Saar”，即萨尔州（德语：Saarland）〕是德国重要的钢铁工业基地。第一次世界大战后的 1920 年，《凡尔赛和约》生效，条约规定萨尔由国际联盟托管 15 年，其间法国在此获得经济特权。然而萨尔居民在之后的两次公民投票中都选择了回归德国。

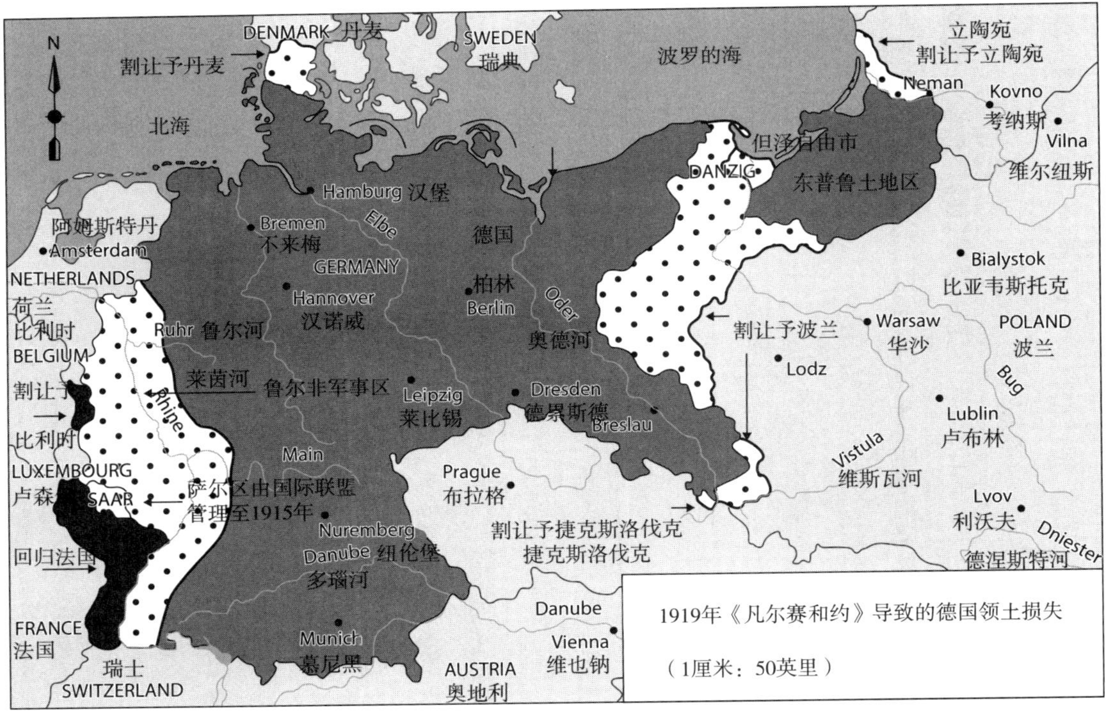

地图 1　《凡尔赛和约》后的德国

为战火没有烧到德国本土，德国的工业基础得以保存下来，德国依旧在煤炭采掘、钢铁生产、电气工程、化工和汽车制造领域保持着领先地位。（注 12）

重建工作开始于 1924 年，德国货币得以回归金本位，这减少了外国借款人在可预见未来里的汇率风险。一些华尔街老牌机构对借贷狂潮持批评态度。1929 年 8 月，小约翰·皮尔庞特·摩根[21]在给一位商业伙伴的信中写道："我对德国人的看法是，他们是二流的人，宁愿让别人帮他们做生意。"但对于大部分投资人来说，投资德国市场对他们的诱惑远大于他们对亏本的恐惧。协约国政府也认可了这种借款行为，他们认为这是稳定脆弱的魏玛共和国的一种方式。（注 13）

为了抑制股票市场过热，美联储开始提高官方利率，但是为德国提供贷款的行为从未间断过。虽然来自美国的长期资本流入在 1928 年秋天戛然而止，但是来自其他国家的资本流入弥补了这一损失。实际上，1928 年对于德国总资本输入来说是创纪录的一年。即使后来美联储在 1929 年再一次提高了官方利率，德国的资本流入也没有应声而止。短期资本依然在持续涌入德国（统计图 2）。这一现象当然不可持续，有的观点认为，美国利率高会导致德国与外国资金隔绝，这当然只是一种美好的想

21　小约翰·皮尔庞特·摩根（John Pierpont Morgan Jr.）是美国银行家和慈善家。他继承了家族财富，并在其父亲摩根于 1913 年去世后接管了包括 J.P. 摩根公司（J.P. Morgan & Co.）在内的企业。

象而已。当索玛瑞20世纪30年代早期在海德堡为听众做演讲时，德国依然在接受国外短期资金。（注14）

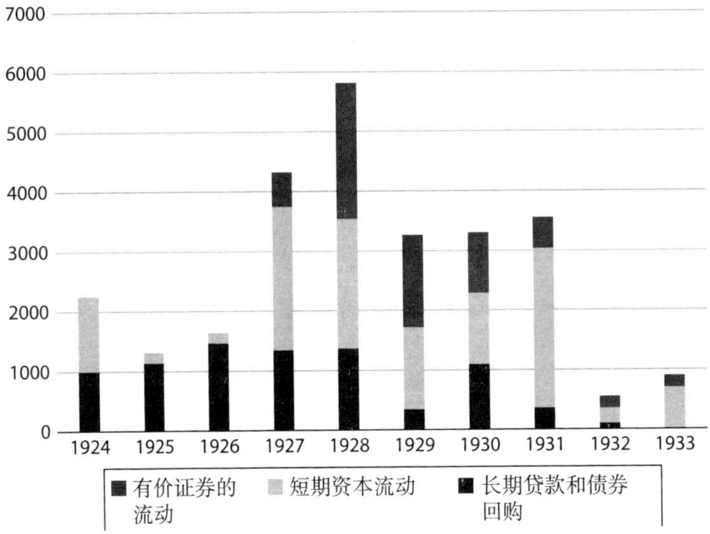

统计图2　流入德国的资本总额的主要构成

索玛瑞并非当时唯一一个批评这幅《赔偿旋转木马》图（图2）的人。弗雷德里克·莱斯－罗斯爵士（一位英国高级财政官员），早在1927年就给出了相同的警告："我记得我在1927年就把'德国的银行太缺乏流动性，他们应当对贷款有所限制'告知了伦敦金融城里一群知名的银行家，但他们却觉得我是在危言耸听。"帕克·吉尔伯特是一位年轻有为的美国人，在柏林担任德国战争赔偿的总代理人，曾多次警告债权国政府。他在

1928 年给赔偿委员会的信中写道：“在现有的条件下，德国缺乏鼓励节约的动力。相反……近年来他们展现出一种增加公共支出和公共借款（无论是来自国内还是国外的资金）的趋势。”（注 15）

图 2　《赔偿旋转木马》图，大卫·罗绘制，伦敦《标准晚报》1929 年 4 月 29 日版

（图中小字——财经专家：你必须付清债务。德国政府：你必须出口更多货物。德国工业界：你必须拿更少的工资干更多的活。德国工人：我必须抢你的工作。英国工人：你必须为我找到工作。英国工业界：你必须减轻我的税负）

德国中央银行行长亚尔马·沙赫特执着于批评从美国流向德国的短期资本流。他在 1926 年 10 月对调查委员会说：“现在发生了什么？国外的私营银行和银行家给我们大量的黄金，

但却不能将足够的黄金带入德国。结果就是外国政府通过在德国的战争赔偿总代理人将这些黄金又带回了他们的国家。他们减轻了我们的赔偿负担，至于作为资本贡献者的私人投资者如何经营资本，以及最终能否收到他们借出的本金和应得的利息，这个问题的答案只有上帝知道。”（注16）

鉴于索玛瑞做出的准确预测是建立在其他知名分析师分享的合理的经济见解的基础上的，那么一个问题出现了：为什么决策者不能在德国经济拖累整个世界经济之前将德国的局势稳定住？索玛瑞的海德堡演讲与1931年7月德国危机进一步恶化之间足足有18个月的时间。那应该是有足够的时间来达成一份国际协议的，尤其是在协议双方为德国和法国的情况下。

答案之一可以从索玛瑞在海德堡的听众所做出的怀疑反应中找到。听众们根本不能接受索玛瑞得出的消极观点所依赖的前提。《法兰克福汇报》的首席经济编辑这样回应：“我对‘我们正处于危机之中’这样的观点表示非常怀疑。”几天后，索玛瑞在柏林的一所名为“恺撒霍夫”的贵族酒店里向一个声望很高的圈子提出他的观点时，听众也有同样的反应。杰出的经济学家维尔纳·桑巴特[22]和西门子公司首席财务官马克斯·哈勒都没有被说服。后者说道：“我们不应该过度估计纽约证交所

22　维尔纳·桑巴特（Werner Sombart，1863年1月19日—1941年5月18日），德国经济学家和社会学家、历史学派最后的代表人物、20世纪早期欧洲大陆重要的社会科学家。他于1913年著《战争与资本主义》。

对现有危机的影响。”这位西门子要员补充道，“一名投资人的损失对另一名投资者来说则是盈利。股市行情与现实经济是无关的。”数位德国实业家坚信，产业结构的调整和公共政策能够解决纽约证交所的危机。索玛瑞对此表现得很坚定：“我很抱歉，我在所有的要点上都有完全不同的看法。”即使如此，他们仍未被说服。（注 17）

索玛瑞在柏林和海德堡的听众并不是唯一与这场正在形成的风暴擦肩而过的人。1929 年 10 月 29 日，在华尔街股市崩盘几日之后，法国的《费加罗报》这样写道：“我们的市场因纽约所发生的危机而感到安心。既然华尔街的脓肿已经破裂，北欧和中欧市场也已经摆脱了多余的纸张，那么我们可以用更艳丽的色彩来构想未来。”法国驻德国柏林的大使马士理直到 1930 年 2 月上旬仍坚信德国经济基本健康。马士理是一位哲学家的儿子，与创作了《西哈诺 · 德 · 贝热拉克》的作家埃德蒙 · 罗斯丹[23]的妹妹珍妮 · 罗斯丹结婚。我们毫不奇怪，相比较研究国际收支不平衡，这位有教养的法国大使更感兴趣于艺术发展。（注 18）

即便如此，像凯恩斯这样曾对大萧条做出过精准分析的知

23　埃德蒙·罗斯丹（Edmond Rostand，1868 年 4 月 1 日—1918 年 12 月 2 日），法国作家、剧作家、诗人。其代表作为 1897 年发表的戏剧《西哈诺 · 德 · 贝热拉克》。该作品以17世纪的法国为背景，描述了法国著名剑客兼作家西哈诺·德·贝热拉克（Cyrano de Bergerac）的感情生活，后于 1990 年被改编为电影《大鼻子情圣》。

名经济学家，也低估了 1929 年晚期的危机的影响，作为代价，他损失了很大一笔财富。在股票市场崩盘一天后，他在《纽约晚报》上这样写道："我这样说也许会被认为是一个坏预言家，但我还是要说，我相信我反映了英国金融界对当前形势的本能反应，华尔街的重挫不会对伦敦有什么直接的影响，只有那些横跨英美两国的证券公司会受到影响，它们需要在伦敦和纽约两个市场活跃地进行交易活动，但数量极为有限。另外，我们认为英国经济基本面依然是长期向好的，这毫无疑问。"凯恩斯相信，当股票市场的繁荣不再，利率会大幅降低，而商业活动则会因此受益。"必须经过几个月的等待，由低息贷款所促成的业务决策才能在新的贸易和工业活动中有所体现。如果这些低息贷款真的来了，我毫不怀疑它的补救效果。"（注 19）

凯恩斯低估了这场迫在眉睫的危机的影响，索玛瑞对此毫不惊奇。在 1926 年 6 月德国银行家卡尔·梅尔基奥尔在柏林举办的一场招待会上，索玛瑞曾与凯恩斯有过对话。凯恩斯向索玛瑞询问他对客户的建议，索玛瑞将自己一直挂在嘴边的消极答案也告诉了凯恩斯："尽可能地让他们与危机保持隔绝，避免接触市场。"凯恩斯却强烈反对："我们在有生之年都不会遇到下一次崩盘了，我认为现在的市场是非常吸引人的，股票价格非常低廉。再说，崩盘从何而来？"索玛瑞回答道："崩盘会从表象和实际之间的鸿沟中出现。我生平不曾见过的风暴正在酝酿中。"然而凯恩斯并没有被说服，仍然坚持谈论个别

公司的股份事务。（注 20）

索玛瑞的分析与预测能力得到了众人高度的赞赏，但是他的预测内容却被忽视了。他的受众喜欢他独立的思考，却也因索玛瑞的学说不够“正统”而感到迷惑。索玛瑞经常会因为这些不认同而感到困扰：“当时，我完全被孤立了，我急切地告诫政府和商界，但他们每一个人都反对我的看法……我不期待，也没有收到过对我以一个经济学家的身份所发表的意见的支持。只有很少数的人看到了正在逼近的危机。无论看向哪里，我看到的都只有不解和敌意。”（注 21）

1929 年夏天，在柏林举办的一场银行家集会上，国家城市银行行长查尔斯·埃德温·米切尔[24]嘲笑索玛瑞是“来自苏黎世的乌鸦”，因为他总是预测出最坏的结果，不断地犯错，运气实在是不佳。（注 22）大家都在笑话这只孤单的乌鸦。

24　查尔斯·埃德温·米切尔（Charles Edwin Mitchell，1877 年 10 月 6 日—1955 年 12 月 14 日），美国银行家。其谨慎的证券政策助长了投机活动，从而引发了 1929 年 9—10 月的经济大崩盘。

2 外交官的胜利

1930 年 1 月，当索玛瑞正在德国进行巡访时，宁静的荷兰首都海牙[25]突然变成了一个活动中心，欢迎着来自欧洲各地和日本的国家元首、部长及其他高级官员。他们的任务是给 1929 年 8 月第一届海牙会议开始的谈判画上句号，并为自战争结束以来所有尚未解决的问题商定最终解决方案。当媒体问到会议能否成功举行时，大多数外交官都表示很有信心。当时的共识是，无论情况如何，国际冲突都应该并且可以通过会议和谈判来解决。1930 年 1 月 20 日下午，来自近 20 个国家的 500 名代表和专家签署了《最终议定书》和各种附件。用橙色丝带绑着的文件[26]先后从一个代表团传到另一个代表团，他们光是在文件上

25　海牙是荷兰的行政中心，即荷兰内阁、荷兰议会、荷兰高级法庭和荷兰国务委员会的所在地，但并非荷兰的宪法首都。荷兰宪法第三十二条规定，“国王应在首都阿姆斯特丹宣誓就职”，这就保证了阿姆斯特丹的宪法首都地位。译者认为此处应该是作者搞错了。

26　橙色为统治荷兰的奥兰治（荷兰语为“Oranje”，即“橙色”之意）王朝的代表色，也是荷兰的代表色。欧洲惯于将文件用缎带和封条装订起来。此法意在防止窜改文本，如果要对承载文本的纸张进行替换，必须先破坏封印，从而警告接收方文件已被窜改。

签名就花了将近1个小时的时间。在签字仪式上，还有一支军乐队现场伴奏，他们在举行仪式的房间窗户外演奏着庄严的曲调。现场的气氛因此变得令人清醒，因为大多数代表在漫长的谈判中已经精疲力尽，法国的一些部长甚至已经离席去参加伦敦的海军会议。尽管如此，在荷兰国会议事堂——一座古老的哥特式建筑——出席这样的活动，每位嘉宾都感觉自己正在见证历史性的时刻。（注1）

签字仪式后，会议主席、比利时总理亨利·贾斯帕拿起一个木槌，在桌子上敲了几下，请英国财政大臣菲力浦·斯诺顿代表向与会人员发言。选择他来做这个发言，实在是一个奇怪的选择。斯诺顿因对法国和德国代表团的挖苦批评而遭到鄙视，本不该享有这个“啦啦队队长”的美誉。然而，他被在海牙取得的成就所打动，以至于忍不住表达自己非常乐观的态度。他毫不犹豫地宣布：“我们相信，金融问题已经得到了一劳永逸的解决，在这方面，我们将不再区分盟友和敌人，而是成为朋友和同志，在剩下的工作中共同努力，完成欧洲的和解。”主席贾斯帕附和了斯诺顿的评论，并赞赏通过外交手段逐步取得进展的做法：“10年来，战争引起的金融问题一直是无数国际会议的主题。每次会议都能更进一步，我们相信，在我们刚刚签署的文件中，我们为这场漫长的讨论做了一个总结。”他的讲话得到了热烈的掌声。（注2）

第二天早晨，英国自由派媒体对第二届海牙会议发出了衷心的赞赏。伦敦《泰晤士报》写道："战争历史上漫长而艰难的一章最终结束了。"《经济学人》称赞"海牙的成功"，并称"过去就像一家账目混乱的假公司一样，终于得到了清算"。在大西洋的另一侧，《纽约时报》也分享了这种自信的观点："溃烂的脓疮已经得到治疗，辩论和谴责成为翻过去的一页，问题已经得到解决。"（注 3）

法国媒体的热情没有这般高涨，因为巴黎被迫在几个问题上做出妥协。尽管如此，即使是《时报》[27] 这样的法国政府非正式的喉舌也强烈支持在荷兰首都取得的成就："《海牙协定》标志着整个国际局势的重要道德和政治进步。"（注 4）同样，德国的亲政府媒体也做出了积极反应，尽管柏林也没有实现它想要的一切。

聚集在海牙的外交官和政治家们感到特别自豪，因为他们成功地克服了因为德国外交部长古斯塔夫·施特莱斯曼于 1929 年 10 月去世造成的瘫痪。在 1929 年 8 月的第一届海牙会议上，施特莱斯曼病得很重。在凌晨 1 点 30 分与德国和法国部长的对话中，他的手突然伸到胸前，大叫："我再也受不了了！"德国财政部长鲁道夫·希法亭（他是一位经过训练的医生）把施

27　《时报》（法语：*Le Temps*）是巴黎重要的日报之一，发行于 1861 年 4 月 25 日至 1942 年 11 月 30 日。1942 年 11 月 28 日，在德国入侵"自由区"（法国中南部的维希）之后，《时报》的两位联合主管——雅克和埃米尔·米勒放弃了该报纸。后应戴高乐的要求，《世界报》（法语：*Le Monde*）于 1944 年 12 月 19 日成立。该报纸甚至借用了《时报》的版面和字体，旨在取代《时报》的地位和作用。

特莱斯曼带到了德国代表团所在的奥拉涅酒店。希法亭返回会场并告知同事时，解释说："时钟已经停了。"6周后，51岁的施特莱斯曼死于中风。《福斯报》的标题是"不仅仅是损失：一场灾难！"（注5）

自1923年以来，施特莱斯曼一手塑造了德国的外交政策。他与法国外交部长阿里斯蒂德·白里安一起，为改善法德关系做出了许多贡献。1926年，他们都因在前一年缔结《洛迦诺公约》（1925年签订）而获得了诺贝尔和平奖，该条约为德国成为国际联盟[28]的成员铺平了道路。白里安听闻施特莱斯曼的死讯[29]时，对自己的下属说，应该准备两口棺材，一口给施特莱斯曼，另一口给他自己。"一切都结束了！"一位德国高级官员在拜访位于巴黎里尔街的德国大使馆时观察到："在欧仁亲王[30]的旧宫

28　国际联盟，简称"国联"，成立于1920年1月。它是第一次世界大战后成立的跨政府组织，也是世界上第一个以维护世界和平为主要任务的国际组织。但是国际联盟终究未能阻止轴心国在1930年代发起的侵略行为。第二次世界大战的爆发证实，国际联盟无法起到维护世界和平、避免世界大战再度发生的作用。国联历时26年，最后于1946年4月解散。

29　施特莱斯曼在1929年10月3日死于中风，享年51岁。施特莱斯曼的早逝和1932年法国总统阿里斯蒂德·白里安的逝世、1934年白里安继任者路易·巴尔都的被暗杀，都在欧洲政界留下了无法被替代的空位，为第二次世界大战的爆发埋下了伏笔。古斯塔夫·施特莱斯曼的成功在很大程度上归功于他友好的个性和务实的精神。他与许多有影响力的外国人是亲密的私人朋友，最著名的事例是白里安和他一起分享诺贝尔和平奖。

30　欧仁·德·博阿尔内（Eugène de Beauharnais，1781年9月3日—1824年2月21日），法国军事家，受到拿破仑的重用，曾远征埃及、俄罗斯，参与多起重要的战役，被历史学家认为是波拿巴皇室中富有才能的人物之一。

殿前，一面巨大的德国国旗处在旗杆中间的位置，无力地下垂着。白里安离开了向德国同仁表示哀悼的房子。人们可以看到他在流泪。因为白里安知道，施特莱斯曼死后，自己用尽一生取得的成果也被带到了坟墓。”（注 6）

当然，随着法国和德国致力于推动不同的议程，它们之间的关系并非完全没有摩擦，而是也有令人失望的时候。对于法国来说，最重要的问题是如何保障本国安全不受邻国德国的威胁。为了解决这一问题，法国不惜在军事、外交和金融政策领域采取所有可能的措施。而德国则更希望修订《凡尔赛和约》，使自身经济恢复至战前水平。首先（也是最重要的），德国要求占领莱茵兰和萨尔的法国驻军尽早撤离，恢复战前的东部边界并免除赔偿。施特莱斯曼的策略是与法国进行谈判以实现法军的撤离，因为他了解白里安在安全方面的顾虑。不过，施特莱斯曼是一名修正主义者，他的最终目的是使德国重新获得全部主权，并恢复德国在欧洲大陆的霸权。在 20 世纪 20 年代中期，德国人口为 6300 万，而法国只有 4000 万。（注 7）

尽管如此，白里安和施特莱斯曼还是找到了建立互信和缓解战后紧张局势的方法。他们能够很好地理解彼此，原因之一是他们具有相似的社会背景：白里安的父母在布列塔尼（前）首府南特的海滨拥有一家小咖啡馆；施特莱斯曼的父母则在德国柏林经营一家酒吧并活跃于瓶装啤酒贸易。施特莱斯曼在之后写了一篇关于该主题的文章，而激进的右派也因此嘲笑他。

当白里安与施特莱斯曼两人见面讨论政治事务时，总是会在一起抽烟喝酒：白里安更享受葡萄酒和香烟，施特莱斯曼则更喜欢啤酒和雪茄。（注8）

最初，白里安似乎无法承受施特莱斯曼逝世带来的打击。后者的继任者朱利叶斯·柯歇斯曾是一名律师，也是一位拥有并经营两家化工厂的企业家的儿子。他并未受到多少外交官的推崇，甚至他自己的下属中也有一些人对他怀有疑虑。外交部高级官员恩斯特·冯·魏茨泽克写道，柯歇斯“没有吸引力，没有流露出友善的态度，也不‘性感’”。白里安根本不喜欢他。法国记者热纳维耶芙·塔布伊是白里安的知己，她对柯歇斯的描述是：“一个小律师，一个小矮人，端正而细致，既不愚蠢，也不聪明。”（注9）

但是，柯歇斯工作勤奋，自诩为“施特莱斯曼遗嘱的执行者”，他被证明是一位能干的首席谈判代表。此外，法国新任总理安德烈·塔迪厄也有助于法德合作的续存。塔迪厄比白里安小14岁（他与柯歇斯年龄相同），他希望开辟不受外交部长控制的新的沟通渠道。塔迪厄和白里安是两个非常不同的人：白里安并不怎么在意自己的外表；但塔迪厄拥有完美的头发发缝和经过修剪的小胡子，戴一副夹鼻眼镜，吸烟时使用长长的银色烟嘴。像柯歇斯一样，他来自一个家境良好的家庭，是一个“富家子弟”。他在期末考试中获得最高成绩后进入外交部门，然后建立了保守派评论员的声誉；而白里安则不得不从最底层开始攀爬政治阶梯。在战争期间，塔迪厄先后担任约瑟夫·霞飞将军[31]的新闻官和费迪南·福煦将军[32]的幕僚，之后成为步兵连的指挥官。在1916年受伤后，他将注意力转向与美国人的合作。他与乔治·克莱门梭总理密切合作，后者在1918—1919年巴黎和平谈判期间要求对德国人采取强硬路线。（注10）

尽管他们的外貌不是一种风格，但塔迪厄自20世纪20年代将自己改造成温和派后，就和白里安有着相同的外交政策目标。1928年，他进入雷蒙·普恩加来（当时法国政坛的主导人物）领导的内阁，并在一年后普恩加来退休后成为中右派的领导人。1929年11月，在第一届海牙会议期间，塔迪厄就任总理，他看到白里安已经精疲力尽，便开始争取在法国外交政策中的领

31　约瑟夫·雅克·塞泽尔·霞飞（Joseph Jacques Césaire Joffre，1852年1月12日—1931年1月3日），法国元帅、军事家。第一次世界大战爆发时，霞飞被任命为法军总司令。德军执行“施利芬－小毛奇计划”，从法军设防薄弱处攻入，致使霞飞在边境交战中接连失利。德军总参谋长小毛奇陶醉于一时的胜利中。霞飞领导法军在马恩河战役中阻止了德军的进攻，粉碎了德军以“速战速决”为基础的施利芬－小毛奇计划，使西线战争从机动作战转入持久的阵地战阶段，保卫了巴黎，取得了巨大胜利。之后他又在1916年的凡尔登战役和索姆河战役中取得胜利，名声大震。

32　费迪南·福煦（Ferdinand Foch，1851—1929年），法国陆军统帅。他在第一次世界大战中曾率部队协助霞飞将军赢得马恩河战役胜利，对协约国最终战胜以德国为首的同盟国有重大贡献。1918年11月11日，福煦代表协约国与德国代表在贡比涅森林的雷道车站火车的车厢里（史称“福煦车厢”）签订停战协定。福煦不满意《凡尔赛和约》，认为它没有彻底瓦解德国，德国还有发动战争的能力；同时福煦认为条约的签订并不能带来和平，仅仅只能换来“20年的休战”——第二次世界大战在距离条约签订20年零64天后爆发。

导角色。（注 11）

为了与柯歇斯建立更紧密的关系，塔迪厄利用第二届海牙会议邀请德国代表团在周六早上共进早餐——这是重启正式谈判的两天前。图 3 和图 4 为塔迪厄在参加第二届海牙会议之前的留影。在交谈过程中，塔迪厄和柯歇斯惊讶地发现，他们都于 1897 年在波恩学习。这是一个很好的破冰机遇。但是，德国公众对此事件反应不佳。摄影师埃里希・所罗门博士成功地拍摄到了一张他们共进早餐时的照片，这张照片随后被《柏林画报》发布。

图3　1930年1月法国外交部长阿里斯蒂德·白里安（左）、法国总理安德烈·塔迪厄（中）和法国财政部长亨利・谢龙（右）于巴黎，在起身前往第二届海牙会议之前

照片中暗示塔迪厄通过给德国代表团提供羊角面包、咖啡和香槟[33]而将他们玩弄于股掌之中。

图 4　1930 年 1 月于柏林，德国外交部长朱利叶斯·柯歇斯（中间偏左），法国总理安德列·塔迪厄（中间位置）和财政部长保罗·莫尔登豪尔（中间偏右，戴眼镜），在参加第二届海牙会议之前

在会议过程中，所罗门不停地寻找隐藏自己的方法，展现了他出色的技巧，正如一位英国官员回忆说："会议中一个有趣的亮点是，一位德国摄影师通过各种伪装（包括伪装成在高架电线上工作的电工）成功逃避了酒店的安全限制。这位摄影师因此获得了一些关于部长们的非常有趣的照片，比如有人在

33　文中列举的都是典型的"法式"早餐食物。

漫长的讨论中睡着了。”（注 12）

尽管塔迪厄和柯歇斯在第一次会面时就成功地建立了一定程度的互信关系，但法国、英国和德国足足花了将近 3 个星期的时间才达成了一份协议，这份协议为三国与东欧和中欧其他国家达成谅解开辟了道路。到了最后阶段，各代表团甚至需要昼夜不停地进行谈判。这就像一场耐力赛。（注 13）

最终，挽回面子的压力和通过漫长谈判进程以取得成果的愿望取得了胜利。每当会议有失控的风险时，谈判双方都会进行妥协。最重要的是，英法两国代表逐渐接受了柯歇斯作为施特莱斯曼的合法继任者。在会议闭幕时的讲话中，斯诺顿称赞“德国代表以坚韧、勇敢的方式，以及最周全的礼貌捍卫了自己国家利益”。法国代表团赞赏德国部长“一视同仁，敏捷反应和‘民族心态’”。尽管遇到了施特莱斯曼逝世和白里安逐渐隐退两件大事，国际外交工作仍然在正常运作。（注 14）

杨格计划是在海牙签署的各项协议的核心，该计划以美国律师兼实业家欧文·杨格[34]的名字命名，1929 年 2 月—6 月，欧文·杨格曾于巴黎主持筹备专家委员会会议。这份多达 100 页的协议包括 15 条条款和 12 份附件。正如文件所声称的那样，它重新确定了德国赔偿的相关条款，并被认为是“一份彻底的、最终的解决方案”。

34　欧文·杨格（Owen Young，1874 年 10 月 27 日—1962 年 7 月 11 日）是第一次世界大战后 5 位总统的高级顾问，后于 1981 年入选“创业楷模名人堂”。

战争结束10多年后，欧洲外交官仍需处理德国赔偿的有关事务，这已经是公开的秘密。先前的协议根本无法解决问题。1919年的《凡尔赛和约》规定，只有德国需要对战争负责，因此德国必须“为交战期间对协约国和参战国平民及其财产造成的一切损害进行赔偿”。但这并没有最终定案，从而为外交人员之间的激烈争论开辟了道路。（注15）

1921年5月签订的《伦敦债务协议》本应解决这个问题，但却只让问题变得复杂化了，这一协议将德国最终需要支付的赔偿账单设定在1320亿金马克的极高水平——这约相当于德国第一次世界大战前1913年国民生产总值的2.5倍。赔偿分三期进行：第一期赔偿价值120亿金马克，覆盖了协约国的直接战争损失；第二期赔偿总计380亿金马克，这被认为是代替法国和英国偿还欠美国的战争债务[35]；第三期赔偿价值820亿金马克，只有一个模糊的存在理由，谈判人员都知道，这是为了安抚战胜国国内选民情绪而设立的，德国可能永远不会支付这笔赔偿。

即便如此，第一期和第二期赔偿合起来也价值500亿金马克，这相当于德国1913年的国民生产总值。如果美国准备减少对英国和法国的债务索赔，那么德国需要支付的赔偿总额就可以大大降低。但是对华盛顿而言，减免债务是一条禁忌，美国

35 本书第一章提到过，“欧洲国家本应该向美国支付它们的战争债务，但很明显它们不知道如何进行‘长期汇款’，所以直接向德国索取所有赔付”。

也没有准备好主导国际秩序并承担维护国际秩序稳定的代价。因此，英国与法国只是简单地将这一需要支付的账目转移给了德国。如果战争赔偿仅包括赔偿直接战争损失（第一期赔偿），那么需要德国支付的赔偿数目就变成了与普法战争时法国因战败而被迫支付的数目一样低，只有1871年法国国民生产总值的约20%。（注16）

从经济角度讲，德国本可以支付赔偿；但在政治角度上，这种情况根本无法实现，因为大多数德国公民都坚信自己的国家并没有输掉战争。因此，当赔偿数额在德国国内被公之于众时，德国国民随即开始发起抵制缴纳税收的行动。纳税人直到最后一刻才会提交纳税申报表，政府当局推迟了拖欠款项要求的偿还时间，为的是阻止赔偿转移出去。中央银行印刷的大量钞票填补了政府税收收入与支出之间的鸿沟，但也加快了通货膨胀的速度。按照《伦敦债务协议》中的要求，德国政府在第一次支付赔偿时使用了现金，但随后便停止支付现金。德国政府还经常拒绝以实物抵扣赔偿，这迫使比利时和法国政府于1923年1月向鲁尔地区（位于德国西部的煤矿区）派遣部队，收集当地出产的煤炭以抵扣赔偿（地图2）。可以预见，德国工人的反应是消极抵抗，为了支持工人的斗争，德国政府诱使央行通过增发钞票来支付工资。随着大量额外的货币直接通过私人消费渠道流入德国经济，本就被战争和重建所拉高的通货膨胀率进一步提高，并最终导致了全面的恶性通货膨胀。（注17）

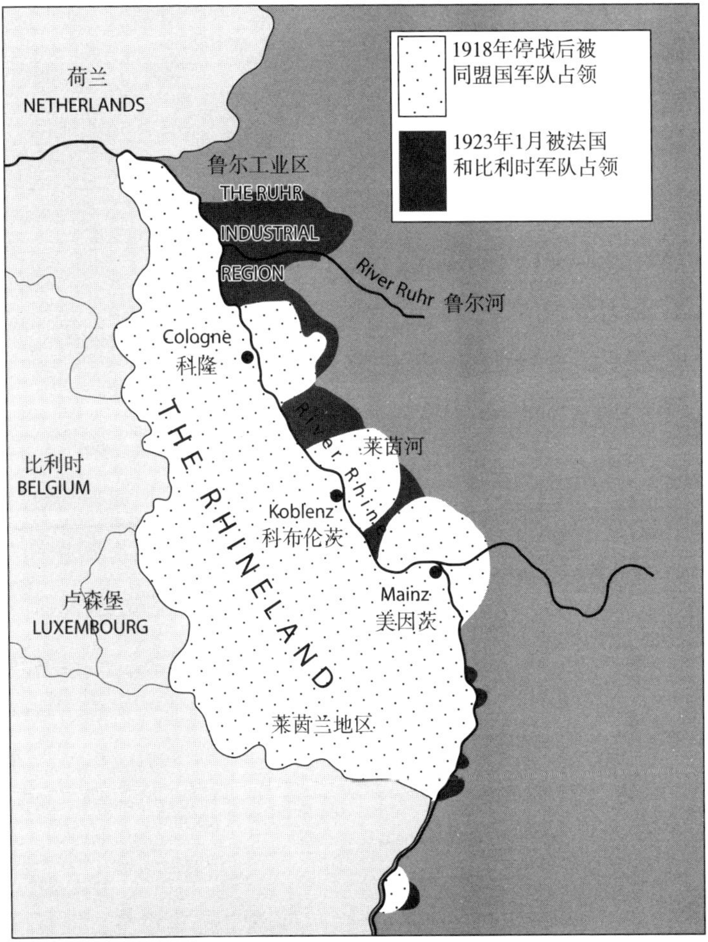

地图 2　对鲁尔河谷和莱茵兰的占领

德国的公共秩序已经处于崩溃的边缘。奥地利作家斯蒂芬·茨威格曾经历了 1921—1922 年维也纳的恶性通货膨胀，但即使如此，在德国的混乱面前他依然感到不知所措："德国马克的币值在大幅度跳水，直到达到了百万、十亿、万亿这样不可思议的数字才停止。现在，群魔乱舞般的通货膨胀才刚刚开始，……我经历过那样的日子，早上一份报纸的售价还只是5万马克，到了晚上就变成了10万马克，手头持有外汇的人每个小时都在进行兑换，因为他们在4点会得到一个比3点更好的汇率，而5点的汇率比他们4点交易时的还要有吸引力。"（注18）

恶性通货膨胀通过残忍的方式释放着它的影响，而且对各方的影响程度不均：一方面，持有储蓄或债券的人失去了他们的财富，人们的实际工资所得与政府的实际福利支出都在下降，因为通货膨胀率变化太快，名义工资和退休金也难以按照物价进行调节。另一方面，那些拥有未偿还债务的个人、公司或其他经济实体获得了实惠，因为他们需要偿还的债务按德国马克计价，在恶性通货膨胀的影响下，他们所欠下的数额变得不值一提。最重要的是：德国政府、邦政府与地方政府很乐意看到它们自己发行的以德国马克计价的债务就这样灰飞烟灭。这对债权人（不管是国内的还是国外的）来说是一场噩梦，但德国纳税人却得到了好处。

多数德国民众因这场剧变而陷入沮丧。很多有投票权的人——尤其是那些在这场恶性通货膨胀中损失惨重的中产阶级——受到了重创。他们不再对魏玛共和国抱有幻想。（注19）

由于担心局面失去控制，德国政府在 1923 年底收回了消极抵抗政策。1924 年，协约国也向前迈了一步，派出了查尔斯·道威斯，一位来自美国的律师、政治家、陆军准将。他举办了一场专家会议，目的是为重新制订德国赔偿计划提供建议（一年后，道威斯因此获得了诺贝尔和平奖，也成为卡尔文·柯立芝总统任期内的美国副总统）。道威斯计划为德国提供了一些改进措施。首先，它降低了每年需要偿付的分期赔偿数额，并为德国提供国外贷款，即所谓的“道威斯国际贷款”，目的是帮助德国平稳过渡到新的赔偿阶段。其次，引入新的德国马克，他们希望这种以黄金为支撑的新货币能够建立货币稳定性。最后，比利时和法国需要从鲁尔地区撤回驻军。与之相对应的，德国应该接受一定程度的外国控制，中央银行和德国铁路从政府机构中被独立出来，它们需要接受外国专家的监督和指导。一名战争赔偿总代理人被安排到柏林，以便控制赔偿的动向。

表面上看，道威斯计划非常出色。“道威斯国际贷款”由美国领先的摩根大通银行承诺支付，在纽约得到了多达 10 倍的超额认购。德国经济在市场信心的鼓舞下强劲复苏：1923—1927 年，德国的工业生产指数翻了 1 倍。德国经济的复兴也鼓舞了世界经济，道琼斯指数在 1923 年的表现虽然令人失望，但之后进入了一个延伸的繁荣周期，美国给欧洲和拉丁美洲的放贷也很快到达了创纪录的水平，其中德国是主要接受者。金本位的恢复、德国央行取得独立地位并接受协约国监管两项举措共同保证了汇率稳定和资本流动性。更妙的是，德国的债券回报率比美国市场的更高，因为在经历了恶性通货膨胀的破坏后，德国市场急需更多资本。我们在之前提到过，这次恶性通货膨胀在（德国）国家、邦和地方层面上产生了积极效果，因为它们已经没有来自国内的公共债务负担[36]了。相比之下，当时的法国、英国正坐拥着因战争导致的巨额的国内债务。1920年，这些债务的总量超过英法两国第一次世界大战前全年的国民生产总值。因此，德国是当时外国投资者的“埃尔多拉多”[37]，不只美国，英国、荷兰、瑞典和瑞士的投资者也慕名而来。（注20）

即便如此，参与谈判的各方也都知道，赔偿问题并没有得到解决。英国代表团的一名成员回忆道：“道威斯计划只是德国债务问题的一个临时解决方案。”道威斯计划的优先目标是缓和德法之间的紧张局势、重建恶性通货膨胀后人们对德国货币和公共财政的信心。然而，赔偿计划中的一些基本缺陷没有得到解决：因为协议中的各项参数在1919年就已经确定，外交渠道又是高

36　上文提到过，德国各级政府都发行了以马克计价的债券，在通货膨胀率高涨、货币贬值的前提下，德国各级政府只需要用实际价值更少的钱就可以偿清之前的债务。

37　“埃尔多拉多”，来自西班牙语“El dorado”，为一个古老的传说，最早起源于南美洲的一个仪式：哥伦比亚的奇布查人的族长会将自己全身涂满金粉，然后到山中的圣湖——瓜塔维塔湖洗净，祭司和贵族则会将黄金和绿宝石投入湖中献给神。后来该词也代指富庶之地、黄金国。

度路径依赖[38]的，因此只能逐步地进行改变。（注 21）

道威斯计划有两个明显的缺点：第一，它仅仅确认了德国的年度赔偿日程表。在短期内，这已经被证明对重启整个进程是有利的；但从中期角度看，它破坏了整个框架的可信性。1921 年的《伦敦债务协议》中确定的三个还款周期既没有从新的日程表中剔除，也没有被确认。第二，随着时间的流逝，对德国财政进行外部监管变得越来越难。

更令人震惊的是，道威斯计划在一定程度上导致了国际收支不平衡。一些批判观察家（如菲利克斯·索玛瑞）认为，这种失衡有着拆散整个欧洲财政和货币系统的潜力。引发他们忧虑的是所谓“转移保护条款”的运作方式。根据道威斯计划，该条款本是用来保护德国的：当他们认为德国的货币稳定性受到威胁时，德国有延迟支付年度赔偿的自由。然而在实际操作中，外国银行家和投资者很快就明白了，所谓“转移保护”意味着私人债权人的债权声索比战胜国对战争赔偿的索取拥有更高的优先级，因为后者总是会延期。因此，贷款给德国也因为道威斯计划变得更有吸引力了（即使它已经很受人追捧了）。（注 22）

作为结果，德国能够获得海量的外国资本。其中只有一部

38　“路径依赖”意在说明可以实现的决策受限于过去曾做过的决策。在本文中，因为协议中的参数已经敲定，外交官们只能以此为出发点去争取相对更优的方案，而非推翻已确定的参数本身。

分用于生产性投资，很大一部分被用来拓展公共服务并达到创纪录水平。与之相对应的，德国以金本位外币发行的外债（其中有相当一部分是短期债）急速增长。1929年，德国总共拥有890亿马克的外债，这相当于当年德国国内生产总值的75%。这些来自国外的资本流入中有很大一部分经财政系统进入，因此大型商业银行的资本比率也急剧地下降。正因如此，索玛瑞才认为德国的银行系统会成为“最薄弱的链条，崩溃将会也一定会从这里开始”。（注23）

一方面，为了遏制这些危险的发展趋势，1930年的杨格计划从三个方面改善了德国的处境：第一，德国需要支付的年度赔偿从25亿马克降低至约20亿马克，这相当于德国1930年国民生产总值的3%。第二，德国不再受外国财政监管的约束，赔偿委员会被解散，帕克·吉尔伯特（战争赔偿总代理人）的工作结束了。现在，柏林需要重新负责赔偿工作，瑞士巴塞尔新成立的国际清算银行成为信托办公室。杨格计划也一同结束了协约国对德国铁路和德国央行的监管工作。第三，协约国保证会比《凡尔赛和约》中规定的时间提前5年撤出莱茵兰地区（地图2），新的撤军日定在1930年6月30日。这一条虽没有被写入杨格计划中，但却是德国同意该计划的前提。（注24）

另一方面，杨格计划也为德国带来了两个主要的劣势：第一，德国需要一直支付赔偿，直到1988年，长达58年的超长赔偿期很奇怪。即便是欧文·杨格，这份计划的起草者，也曾在谈判期间承认“没有一个实干家想对一个国家15年后的偿付能力进行评定”。此外，杨格计划也没有实现政治上的预期目标，超长的赔偿期给反对者以理由，即德国的三代人都要背负这份债务。第二，杨格计划还修订了“转移保护条款”。从此以后,德国无论遇到什么情况,每年都需要支付至少6.12亿马克。这部分被命名为“无条件年金”。剩余的部分——大约13亿马克——可以在德国政府需要暂时休整的特定情况下（如在经济不景气的时候）延迟2年。乍一看，我们会觉得似乎只是做了技术方面的一个小修订，但它的意义远非如此。杨格计划有力地促进了德国外债评级的大幅下调，从现在起，战争赔偿的优先级被置于私人外债之前。德国向国外借钱变得更加困难，因为外国银行与投资者担心他们的债权不能按时得到承兑。这反过来也缩小了柏林政策制定者的回旋余地——他们现在必须有预算并保持贸易顺差才能偿还赔款。由于德国经济在1929年陷入衰退，这一新的政策要求看起来可能会让问题变得更糟。为了留有这项预算和保持贸易顺差，德国政府需要缩减其他预算、提高税收、降低工资和商品价格。不用说我们也明白，在危机期间减少国内需求在政治上只会适得其反，尤其是在国家的政体为魏玛共和国这样风雨飘摇的民主政体时。（注25）

一些德国人马上就察觉到了杨格计划中的新条款带来的负面问题。其中包括德国央行行长亚尔马·沙赫特和钢铁业主管阿尔贝特·弗格勒,他们两位都是巴黎杨格委员会的德方代表（图

5）。债务特权的撤销是沙赫特于 1930 年 3 月从德国央行辞职的原因之一。弗格勒认为新的特权规定已经足以让他们拒绝这份计划，并在谈判结束前从巴黎启程回国。但即使如此，它还是被保留下来了。沙赫特对杨格计划持反对意见，这使得第二次海牙会议差点无果而终。从那时起，沙赫特在政客圈子里的公信力便大不如前了。弗格勒也同样失去了他的声望，因为他在 1924 年“对施特莱斯曼所追求的‘履行政策’的观点”感到厌恶，因而离开了德国人民党。（注 26）

图 5　1929 年在巴黎乔治五世酒店，欧文 · 杨格（桌子末端）主持的杨格计划会议

更重要的是，德国政府中的高级官员和政治家确信杨格计划的失败会引发经济危机。他们寄希望于在海牙取得的外交突破会为德国带来正面的经济影响。德国财政部长保罗·莫尔登豪尔坚信，政府在国会中取得胜利后，德国的政治高压会烟消云散，商业也会受到鼓舞。莫尔登豪尔在德国财政部中的一位颇具影响力的国务秘书汉斯·舍费尔也分享了同样的乐观情绪，他亲近于左翼自由主义的德国民主党和社会民主党，相信杨格计划会推动世界经济强劲复苏——就像道威斯计划在6年前做到的那样。达姆施塔特国家银行（即彤纳特银行，德国当时最大的商业银行之一）的领导雅各布·戈尔德施密特，汉堡M.M.瓦尔堡商业银行备受尊敬的合伙人马克斯·莫里茨·瓦尔堡[39]也预测到了类似的趋势。他们认为，国际借贷将会出现有力的上涨。即使是卡尔·梅尔希奥（M.M.瓦尔堡商业银行的另一位合伙人）这样曾参加过众多战后会议、以评价谨慎而闻名于众的行家，也持谨慎乐观态度。（注27）

相比之下，索玛瑞仍保持极度悲观的态度。当听到关于新计划的新闻时，他说：“敬爱的恺撒，将死之人向您敬礼！（Ave

39　马克斯·莫里茨·瓦尔堡（Max Moritz Warburg，1867年6月5日—1946年12月26日）是德国犹太人银行家，也是德国汉堡富裕的瓦尔堡家族的子孙。

Caesar, moratoria te salutant!）。”[40] 在索玛瑞看来，外交官和政治家都在承受着经济专业知识不足的痛苦：“马克思主义者在呈现历史上的唯物主义概念时，总是会高估经济因素在国家政治生活中的重要性；但资产阶级政治家和外交官们却严重低估了它，这对他们的人民造成了极大的损害。主要的外交官总是认为经济知识无关紧要，并以他们的无知为荣。”

他抱怨道，外交官们总是在研究新组织（如国际清算银行）方面耗费大量时间。“我们的时代出现了一个值得注意的趋势：当需要一些点子来解决问题时，我们总是以建立一个组织来代劳。建立新组织并不会对我们产生多少实际上的帮助，只会产生混乱，这个新组织在做的工作并不是它应该做的，而它的存在会使官僚机构越来越庞大，这正是建立新组织本身的目的。最终，整个世界都会忘记这个组织究竟是在何时、为何事建立的，而它依然会继续存在着。”

德国漫长的赔偿日程与不稳定的短期前景之间形成了鲜明的对比，索玛瑞对此表示难以置信：“几乎所有的强权国家都已经博弈了数月的时间，只为了确定德国在 1966 年之前每年应

40　这是苏维托尼乌斯的《恺撒生平》中一句广为人知的拉丁语谚语。据传，公元 52 年，罗马皇帝克劳狄乌斯在富基努斯湖举行了一次模拟海战以供娱乐，按照惯例，所有参与这次演习的战俘和罪犯都注定丧命。当皇帝出现时，他们对皇帝说了这句“敬爱的皇帝，将死之人向您敬礼”。根据苏维托尼乌斯的记载，皇帝回答：“祝你们顺利！”一般认为，皇帝只是做了善意的回复，而战俘与罪犯们则理解为皇帝在消遣自己。译者认为，索玛瑞套用这一谚语，旨在体现德国民间与政府对杨格计划所做出的截然不同的理解和反应。

该偿还多少债务，以及从 1966 年之后到 1988 年的这段时间内又该每年偿还多少债务。而此时的德国甚至没有足够的钱来支付公务员的工资。”（注 28）索玛瑞根据自己的经验知道，德国的财政已经到了多么危险的境地。在 1929 年春天，德国面临着一场突如其来的货币危机，因为有媒体报道“在巴黎关于杨格计划的谈判恐将完全失败”。当年 4 月 25 日，面对大量准备金的流失，德国央行不得不将利率提升至 7.5%，而商业银行则受到因严重的清偿力不足带来的威胁。德国央行受到了巨大的压力，以至于它拒绝接受来自帝国的国库券。局势有失控的危险。德国财政部长鲁道夫·希法亭变得日益绝望。这位 52 岁的社会民主党人因自己的理论书籍《金融资本》（1910 年出版）而变得众人皆知，在这本书里，他预测了财政部门在经济中的主导地位将会日益增强，而这最终会导致垄断资本主义。现在，他正在寻找任何他能找到的财政资本来结束这场危机。

从 5 月开始，希法亭就计划推出一份免税的长期债券，但内阁和国会中都有强烈的反对声。到了 5 月中旬，因为无法忍受漫长的交涉过程，希法亭决定向索玛瑞寻求帮助——他们从学生时代起就是朋友。希法亭需要 1 亿瑞士法郎来支付政府公务员的工资。空气中有一种绝望的气息，正如索玛瑞回忆的那样：“以整个德国政府的名义，希法亭向我寻求紧急援助，他对我说，他现在没有其他可以指望的人了。”这是很大的一笔钱，对帮助政府渡过资金短缺的难关极其重要。

索玛瑞认为自己有义务帮助朋友，便立即告知了瑞士国家银行，两天后，一个新的财团成立了，索玛瑞的 Blankart & Cie. 银行居于领导地位，财团中还包括了一些著名的瑞士保险公司。它们提供了总计5000万瑞士法郎的短期贷款供德国支配。在希法亭的请求下，索玛瑞很快飞往巴黎——德国央行行长沙赫特正在那里参加杨格计划委员会的有关会议。交易完成后，德国政府及时地收到了资金。在货币危机有所缓和后，希法亭立即偿还了这笔贷款。（注 29）

索玛瑞对第二次海牙会议持有怀疑态度，这最终被证实是正确的。杨格计划只是一份建立于虚幻亲密假象基础上的计划。一股财政的风暴正在形成，然而不幸的是，外交官和政治家们都忽略了警报信号。1930 年 1 月，他们在荷兰首都会面时，依然缺乏紧迫感。

3 “一手好牌”

1930年3月12日，第二次海牙会议已经过去了近两个月，德国国民议会（议会中的第一院）以明显的多数票通过了杨格计划。各邦组成的参议院甚至以更高的赞成率通过了这一计划。（注1）作为亲魏玛政府媒体中的中流砥柱，《福斯报》如释重负：“和平的新时代已经到来了。”（注2）

然而，这并不是一次简单的胜利。赫尔曼·米勒总理领导的大联合政府受到了来自极端政治力量的巨大压力。在国会最终辩论的那一天，大量民众聚集在勃兰登堡门和国会前，国会的走廊里挤满了旁观者，会场里几乎所有的代表都出席了——这种场景难得一见。中午，国会主席在宣布会议开始后邀请米勒总理到台上发言。这位戴着眼镜的54岁的社会民主党人看起来非常疲惫，他的精力在辩论中消耗殆尽，而他同时还受到重疾的折磨。（注3）

极右翼和极左翼的代表们不停地打断米勒的演讲。在他试图继续讲话时，约瑟夫·戈培尔——德国纳粹党柏林地区的领导人开始带有挑衅性地大喊大叫，现场秩序一度陷入混乱，以至于国会主席不得不进行干涉：“戈培尔代表，我要求你保持秩序，不要再贸然打断别人了。”即使如此，米勒总理的演讲还是不得不在大叫、笑声以及其他各种各样的噪声中继续进行。当一位纳粹党代表在发言中指责政府“对德国人民不忠，犯了叛国罪”时，场面完全失去了控制。米勒总理的演讲结束时整个国会已陷入一片混乱。一位暴怒的德国民主党代表大叫道：“这样的蠢人都能被允许讲话！”（注 4）

极右翼之所以如此发自本能地进行反对，不只是因为杨格计划本身，还因为它与《德波协议》的联系。协议规定，德国和波兰需要放弃所有因世界大战和《凡尔赛和约》产生的金融债权（无论是公共的还是私人的）。德国国家人民党（议会中人数规模最大的极右翼群体）的一位代表解释道：“在那边的12 号房间里悬挂着一幅德国东部的地图，我们可以看到东部曾经和现在分别是什么样子。只要稍加留意，任何人都会为之震惊，我希望我们可以广泛分发这幅地图，将它挂在学校的每间教室里。”（注 5）

自从 1929 年 6 月专家委员会发表了一份草案以来，右翼势力就一直在进行反对杨格计划的动员。德国国家人民党主席阿尔弗雷德·胡根堡[41]创建了“德意志人民请愿反对杨格计划和‘战争罪责’谎言全德委员会”。9 月末，这一委员会呈交了一份供

41 阿尔弗雷德·胡根堡曾任弗里德里希·克虏伯集团的经理，也是商业说客和一家媒体集团的所有人。

表决的草案。这份草案宣布：不承认“战争罪责条款”（《凡尔赛和约》第二百三十一条[42]）、反对新增赔偿，并宣称德国政府各级官员与任何外国强权签订赔偿协议的行为都属于“刑事犯罪”。最终，这份草案在12月22日的表决中未获通过：只有15%的德国选民参与了投票，这低于草案表决要求的50%。但参与投票的选民中有95%支持这一草案，这为极右翼势力反对《凡尔赛和约》和杨格计划提供了民意基础。

有一个人在反对杨格计划的运动中收获颇丰：阿道夫·希特勒，纳粹党的“元首”。在这次投票表决前，在激进右翼群体以外几乎没有人注意到这位歇斯底里的政治家，即使他留着滑稽的胡子，声音刺耳。纳粹党在1928年的国会选举中只赢得了2.6%的选票，比1924年的选举还少0.4%。然而，在成为胡根堡委员会核心集团的一分子后，希特勒取得了进入有影响力的圈子的资格，并开始通过胡根堡强大的媒体渠道定期出现在公众面前。“希特勒”很快就成为一个家喻户晓的名字（图6）。（注6）

42 《凡尔赛和约》第二百三十一条，通常被称为“战争罪责条款”。根据该条款，德国被迫承担发动战争的全部责任。原文译文为：“基于德国及其盟国之侵略行为，协约国之政府及其国民因战争而受害。协约国之政府，确认德国必须就它及其盟国引致的一切损失与破坏负责。”

图 6　1929 年 12 月支持投票、反对杨格计划的海报：“我们未来的三代人都会是苦力。”

而在极左翼方面，共产党人与“右派”人士一样怀着高昂的热情煽动发起针对杨格计划的抗议运动，即使他们的动机完全不同。在共产党人看来，所有罪恶的根源在于资本主义制度，而赔偿则被认为是该制度功能失调的又一体现。在国会辩论中，一位共产党代表解释说，杨格计划“假设德国和外国资本可以对德国劳动人民进行长达几十年的双重剥削”。他总结道：“杨格计划并非如同社会民主党人说的那样，是通往和平的道路，而是一份牺牲了工人阶级的帝国主义战争计划。”（注 7）

米勒总理虽然没有特别有效的论据，但还是竭尽全力地对反对派的主张进行了反驳。他解释道，杨格计划虽然离完美还有相当一段距离，但是能为德国带来实在的改善。“我们认为新协议相较于以前的来说是一种进步。”于是，表决通过了。理论上，大联合政府应该可以轻易地在投票中获胜[43]。这一届联合政府由五个主要的党派构成：德国社会民主党、德国民主党、德国中央党、巴伐利亚人民党和德国人民党。但实际上，很多代表对反对派提出的论点表示赞同。因此，最后的投票结果是赞成票只有可怜的 265 票，而反对和弃权票分别为 192 票、3 票。这一结果与对《德波协议》进行表决时的得票比例更为接

43 “大联合政府”（或“大联盟政府”）是联合政府的一种形式。当一个国家存在两个政治理念不同但掌握席次都未过半的大型政党，以及其他许多具备相当席次的小型政党时，为了形成稳定多数，往往会采取这种政府形式。因为组成大联合政府的各党派在议会中形成了稳定多数，所以理论上更容易通过需要通过的法案。

近，当时的票数为236票赞成、217票反对、8票弃权。这一结果标志着激进派的成功，虽然他们在国会491个席位中仅占据了139个席位：德国国家社会党拥有12个席位，德国国家人民党73个席位，德国共产党拥有54个席位。大联合政府虽然取得了胜利，但这绝不是令人信服的胜利。（注8）

米勒总理的困难在巴黎并不为人所知。法国的亲政府报纸《时报》在社论的结尾还给出了积极的评价："我们进入了一个新时代。"（注9）法国人对德国总统保罗·冯·兴登堡在国会通过杨格计划仅一天后就签署了该法案感到非常欣慰。众所周知，这位留着平头和像海象钢髯一样的胡子的83岁的帝国陆军元帅并非发自内心地支持杨格计划。每个人都知道，兴登堡总统在感情和政治上都与德国国家人民党更为亲近，也认同他们为结束战争赔偿和恢复德国东部旧疆界[44]而发起运动的行为。

44　根据《凡尔赛和约》的规定，在东欧，德国承认捷克斯洛伐克独立，并将上西里西亚部分领土移交。此外，德国承认波兰独立，并放弃"该领土所有权利及头衔"。上西里西亚部分领土被割让给波兰，而其余领土归属则将由公民投票决定。国境的具体规划将根据每个区域的投票结果及地理和经济因素考量决定。波森省在1918年大波兰起义时已归波兰控制，今将正式归属波兰。考量历史和民族因素，东波美拉尼亚的管辖权将移交波兰，由此波兰将获得入海权，波兰走廊形成。东普鲁士南部地区的主权归属将由公民投票决定，而位于华沙和但泽铁路线中间的索尔陶地区的管辖权则不经投票直接交予波兰。根据这一安排，波兰共从德国获取了51800平方千米的领土。梅梅尔（今克莱佩达）的主权归属被移交给协约国及其盟国，由其处置。在波罗的海沿岸的但泽及其内陆地区（包括维斯瓦河三角洲）建立的但泽自由市，由国际联盟、波兰行使管辖权。详见地图1《凡尔赛和约》签订后的德国。

兴登堡1847年出生于柏林以东200千米的波森（今波兰波兹南）。他是德国容克阶层的一个典型代表，是一位在该地区继承了大量土地的贵族。（图7）他的家族地产位于普鲁士心脏地带，在但泽市[45]以南100千米的诺德克。他本人参与了1870—1871年的普法战争，并出席了凡尔赛宫镜厅中举行的德意志帝国成立仪式，在这里，威廉一世加冕为德意志帝国的皇帝。

图7　保罗·冯·兴登堡总统，拍摄于1930年

45　今波兰格但斯克。

从1903到1911年，兴登堡担任第四军团的总司令。他的妻子格特鲁德·冯·施佩林是一位贵族的女儿，二人在一起共生育了三个孩子。并且，作为一名普鲁士新教徒，他一直定期去教堂做礼拜。

兴登堡不愿签署杨格计划的原因不仅仅在于他的社会背景。他担心，如果他过多地卷入社会民主党与他个人亲近的政党[46]之间的斗争，他的个人魅力会随之蒸发。在仁慈的“国父”外表下，他是一个彻底的政治动物。

兴登堡善于赢得机构权力[47]和公众赞誉，在第一次世界大战期间，他的这种能力被证明特别有用。战争爆发后不久，当德国军队在德国东部抵抗入侵的俄罗斯军队节节失利时，当时67岁的兴登堡被任命为第8军将军，在他能干的参谋长埃里希·鲁登道夫的带领下，德军赢得了坦能堡战役[48]。然而，鲁登道夫并没有赢得桂冠，因为兴登堡设法让所有赞誉都由作为胜利者一方的最高军事指挥官的自己享有。兴登堡成为一位广受欢迎

---

46 这里指德国人民党。

47 “机构权力”是诸如政府、教会和公司等实体通过使用奖励和惩罚来控制人并指导其行为的权力。

48 1914年坦能堡战役，是发生在第一次世界大战第一个月（1914年8月26—30日）的德国和俄罗斯之间的一场战役。俄罗斯第二集团军在这场战斗中几乎全军覆没，统帅萨姆索诺夫将军也自杀殉国。俄军在之后的几场战斗中陷入被动挨打的局面，战局直到次年春天才有转变。在这场战役中，德军使用铁路快速输送兵员，成功将俄罗斯两个集团军各个击破。德军的胜利令兴登堡及其参谋鲁登道夫声威大震。

的战争英雄，并被任命为陆军元帅。他逐渐增强自己的实力，1916 年 8 月，他与鲁登道夫一起担任总参谋部的领导，在此过程中将帝国政府和皇帝边缘化。

所以尽管德国输掉了第一次世界大战，但兴登堡还是成功地维持住了自己“坦能堡战役胜利者”的神话地位。1925 年他在退休后又被召回政府，因为当时保守党正在寻找一位能胜任德国总统位置的候选人。由于兴登堡的英勇，他最终得到了这个位置，坐上了魏玛共和国的最高政治宝座，尽管他从未拥护过民主政府。这次胜利是他一生，也是魏玛共和国历史的转折点。

在担任总统的头四年中，兴登堡可以轻而易举地保持自己的优越态势。政治争端被限制在政府范围之内，并没有威胁到兴登堡作为总统凌驾于政治之上的权力。但是随着杨格计划一步步地压垮国内政治，兴登堡成了与他在政治上亲近的民族主义政党的目标。1929 年 10 月，22 位前陆军将军和海军司令写了一封信，试图说服兴登堡加入他们的事业。兴登堡没有让步，但他知道，当对杨格计划表示支持时，就已经将自己的声誉置于危险的境地了。（注 10）

1930 年 3 月初，亚尔马·沙赫特因杨格计划而辞去了德国央行行长的职务，兴登堡对杨格计划的怀疑也随之增加。因此，在 3 月中旬国会以明显多数赞成票通过了杨格计划时，兴登堡总统在签署文件后发布了一份声明，向外界表示他对此并不感到开心。在签署《德国-波兰清算协议》前，他也犹豫了数日，甚至试图引用宪法保留[49]。最终兴登堡还是接受了这一协议，但他的犹豫还是表明了他并不情愿波兰实现战后正常化。（注 11）

兴登堡担忧自己对杨格计划的支持会成为自己形象的污点，这种恐惧产生了深远的影响。《魏玛宪法》赋予总统重要的权力，总统甚至可以成为“代理皇帝”，兴登堡也越来越愿意使用这些权力。他厌倦了因与左派合作而受到的攻击，并寻求恢复 1925—1928 年存在的中右翼少数派政府。兴登堡想要一个只与国会各党派保持松散联系、在总统特权的基础上执政的内阁，并在军事盟友的帮助下，制订一个实现他个人目标的计划。（注 12）

该计划背后的策划人是聪明诙谐但又深沉无情的库尔特·冯·施莱歇尔，他是国防部部长职能办公室的负责人，后来成为希特勒的倒数第二任总理。（注 13）施莱歇尔提倡使用《魏玛宪法》第四十八条，该条款赋予总统在未经国会同意的情况下签署并颁布紧急法案的权力。

49 “法律保留原则”指关于人民基本权利限制等专属立法事项，必须由立法机关通过法律规定，行政机关不得代为规定。行政机关实施任何行为都必须有法律授权，否则，其合法性将受到质疑。杨格计划的一系列条款有迫使德国人民强制劳动的嫌疑，这是对人民基本权利的限制；而兴登堡作为总统，是行政机关的一员，理论上有权要求国会对《德国 - 波兰清算协议》进行审议，进而通过在投票环节拉拢持反对票的人否决该协议。

《魏玛宪法》第四十八条的措辞如下：“如果德意志国[50]内部的公共安全和秩序受到严重扰乱或威胁，德国总统可以采取必要的恢复措施，必要时可在武装部队的协助下进行干预。”德国国会只需要通过简单多数的投票方式就可以在法律通过的60天内撤销任何基于第四十八条产生的法律。但作为补偿，总统可以解散国会。

当然，使用第四十八条是有争议的。它是紧急条款，而不是总统按个人政治偏好行事的自由通行证。但是，已经有重要的先例表明，该条文存在进行合理解释的空间。在1923—1924

50　原文中写作“the German Reich”（德语：Deutsches Reich）。该名称有一个复杂的历史渊源。最初，“Reich”一词在德语中指君王的统治范围（与其规模或权力大小无关）。在1871年前，“Deutsches Reich”专指神圣罗马帝国。1871年普法战争胜利后，威廉一世在凡尔赛宫登基为德意志皇帝，国名即为“Deutsches Reich”（德意志帝国）。第一次世界大战后，德国的君主制瓦解，魏玛共和国建立。德国中央党赞成使用“Deutscher Volksstaat”（德意志人民国）作为新政权的名称，左翼社会民主党籍总理弗里德里希·艾伯特则倾向于使用“Deutsche Republik”（德意志共和国）。而右翼抗拒新的民主体制，渴望德国当年的荣耀再现，所以重视“Reich”这一历史悠久的国名所承载的意义，希望予以保留。没有一个名称被广泛接受。之后制定的《魏玛宪法》第一条规定“Deutsches Reich是一个共和国”（“Das Deutsche Reich ist eine Republik.”）。为使保守且传统的德国社会能够接受，为实施维持君主象征之广义上的君主立宪变体，旧国名“Deutsches Reich”被保留。“德国总统”被认为是“代理皇帝”（德语：Ersatzkaiser），下议院仍沿用帝国议会旧称“Reichstag”，政府法律公告沿袭“帝国法律公报”（Reichsgesetzblatt）。当时的法学家奥特·马尔布勒解释称，“Reich意为德意志‘全国’”，接近英语的“commonwealth”或“nation”。在这之后，“Reich”的主要语义变为“大的国家”，其原义“君主国”“帝国”则退居次要含义。

年，当结束了恶性通货膨胀并稳定了货币时，德国政府就以第四十八条来证明其所采取措施的合理性。当时的德国总统、社会民主党人弗里德里希·艾伯特也认可了政府的这一行为。因此，兴登堡和施莱歇尔想通过引用第四十八条扩大总统权力的做法虽然有问题，但并非没有先例可循。

兴登堡及他周围的人开始破坏大联合政府，等待适当的时机采取行动。1930 年 3 月中旬，一个千载难逢的机遇出现了。虽然关于杨格计划的争论为执政联盟建立了一定的团结，但是当杨格计划获得通过后，各党派在财政问题上的分歧又出现了。相对而言，当时德国的财政失衡还不算严重：1929 年，预算赤字总额不超过国民收入的 2%。在 1928—1929 年财政年度，公共债务占国民生产总值的百分比仅增加了 4%。但这些公共债务采用了不可持续的融资方式。德国虽然急需获得长期贷款，但却不得不更加依赖外国短期资金，这些资金需要不断地进行更新，同时伴随着反复无常的价格波动，波动的幅度则取决于国家财政和政治形势。此外，德国经济在 1928 年开始不景气，一年后又开始陷入停滞，这甚至早于华尔街的股市崩盘。（注 14）

造成预算赤字的一个重要原因是所谓的“国家特别预算”，包括继承的开销承诺[51]或尚未得到适当资金支持的承诺。另一个

51　“开销承诺”，即每月需要支付的固定款项。以个人为例，它包括了诸如房贷月供等“固定开支”。对德国而言，每年都需要支付的赔偿就是“开销承诺”。

原因是失业保险的损失。根据1927年开始实施的一条关于“慷慨保险计划”的法律，一旦失业人数超过140万，德国政府必须支持失业保险基金。我们可以理解政策制定者的慷慨，因为该法案有助于强化魏玛共和国的合法性。但是，随着德国经济放缓，失业人数早已迈过了这个门槛。到1930年1月，在职业介绍所登记的失业人数已超过300万，这意味着失业率约为15%。当然，其中存在部分季节性因素，但是相对于两年前经济仍在增长的时期，失业人数几乎翻了一番。（注15）

大联合政府一直在寻找避免预算和内阁出现危机的方法。但是，在国会通过杨格计划之后，有关资助失业保险的争端有可能会导致米勒内阁被推翻。社会民主党希望增加捐款，而德国人民党则希望削减开支。经过几轮谈判，内阁内部达成了共识，但这要求国会中的社会民主党人（他们是左翼人士）向中右翼政党做出妥协。社会民主党人拒绝了。米勒总理失去了自己政党的支持，因而被迫辞职。历史学家经常争论大联合政府的失败是否不可避免：有些人强调事件过程有偶然性，其他人则认为米勒内阁的终结是不可避免的。但无论如何，兴登堡总统都会对能摆脱社会民主党的机会表示欢迎[52]。（注16）

但只是绊倒米勒还不够。这位昔日的陆军元帅（兴登堡总统）还需要一位了解财政政策具体细节的政治家。他希望有一位总理能够结束琐碎的政治现状，让经济回到正轨并为陷入困境的

52　前文提过，兴登堡总统亲近右翼的德国国家人民党，是一名保守派。

农业部门提供支持。在兴登堡的阵营中只有一名候选人满足这些要求：天主教中央党的国会领袖海因里希·阿洛伊修斯·玛丽亚·伊丽莎白·布吕宁（图 8）。（注 17）

布吕宁的背景与兴登堡截然不同。1885 年布吕宁出生于威斯特伐利亚的天主教城市明斯特，这里自拿破仑战争以来一直是普鲁士的一部分，也成了 19 世纪晚期新教徒与天主教徒之间“文化斗争”[53] 的中心。布吕宁成长于德国威廉时代[54] 的一个典型的中产阶级家庭中，他的父亲继承了一座醋厂，并建立了一家兴盛的葡萄酒经销店。布吕宁在大学中度过了不少于 11 年的时光，学习了历史、哲学和经济学。1904 年，他进入慕尼黑大学，两年后前往斯特拉斯堡，1911 年，去往伦敦政治经济学院学习，最终，在 1913 年去往波恩，完成了关于“英国铁路的财政、经济和法律地位”的学位论文。

53　“文化斗争”（德语：Kulturkampf）指普鲁士王国与罗马天主教会在 1870 年代的政治角力。普鲁士王国首相俾斯麦于 1871—1878 年所颁布的有关德国政策的目的是削弱罗马天主教会对普鲁士的影响。在“文化斗争”中，保守派和自由派相对立的世界观相撞。国家努力执行着自由政策，目的是将教会与国家分开。例如，普鲁士引入了民事婚姻，要求不论是非宗教性还是宗教性的婚姻均须得到政府的承认。大部分天主教会的宗教力量对此进行了抵抗，他们维护宗教在公共和政治领域的影响力，提倡教会和宗教对国家与科学的重视。这场运动最终因俾斯麦与罗马教廷的互相妥协而结束。

54　“威廉时代”（德语：Wilhelminismus）指由威廉二世统治德意志帝国的 30 年（即 1888—1918 年）。德国的政治、艺术和文化的典型特征在这一时代出现。第一次世界大战结束，德国皇帝退位，标志着威廉时代的结束。

图 8　海因里希 · 布吕宁总理，拍摄于 1930 年

1915 年，布吕宁自愿加入德国步兵团，在战斗中两次受伤，并在战争结束前升至连长。为了表彰其英勇，他被授予二等和一等铁十字勋章。战争为他及他的很多同辈人提供了具有决定性意义的经历。布吕宁在战后并没有继续追求学术生涯，他认为自己需要为退伍士兵的共同利益做出贡献，帮助他们寻找合适的工作。不久，他就职于普鲁士福利部，并在非社会主义性质的德国工会联合会担任执行董事。1924 年，他赢得竞选，代

表中央党进入国会，并在5年后成为中央党[55]的国会领袖。在政治上，布吕宁反映了党内所有的观点。他是一名财政保守主义者，但也乐意接纳“福利国家”的概念；他主张修订《凡尔赛和约》，但也赞同与协约国进行谈判；他对君主制的崩溃感到遗憾，但也为魏玛共和国辩护，抵制激进左派和激进右派。（注18）

布吕宁拥有在战时担任陆军校官的经验，在兴登堡看来，他在政治上是可靠的。正如布吕宁将自己描述为“国会中出色的财政专家”那样，他看起来的确能够领导由一群技术官僚组成的政府。

唯一的问题在于布吕宁根深蒂固的天主教背景。兴登堡对布吕宁“新教天主教徒”般的行事风格[56]感到欣慰。当决定以公务员和政治家的身份开始自己的职业生涯时，布吕宁有意识地推迟了婚姻，因为他认为“任何决意献身于人类和公益事业的人都不应献身于任何个人，也不应开始家庭生活”。（注19）在官方绘制的肖像画中，他是一名清醒、表情严肃的政客。布吕宁是崇尚朴素苦行的技术官僚的完美体现，没有任何个人魅力。（注20）

55　中央党创立于1871年，是德国现存历史最悠久的政党。中央党是“文化斗争”时罗马教会在德国创立的党派，全盛时期曾拥有德国国会近四分之一的席次。1933年，中央党被纳粹党解散。“二战”后中央党重新成立并存续至今，不过影响力大不如前，在2012年仅拥有党员600人，在国会中不占席位。

56　“新教天主教徒”般的行事风格包括严酷无情，有很高的道德标准，并且崇拜普鲁士的美德。

布吕宁本人并没有积极谋求总理职位。相反，他试图保留大联合政府。但他不反对兴登堡和施莱歇尔的计划。这种模棱两可的做法很典型。布吕宁以“做事迟缓”出名，根据德国财政部的一位高级官员后来回忆，布吕宁“会透彻地了解所有决定，而且这往往耗时过长，因此他倾向于采取循序渐进的方式”。布吕宁也非常善于保守机密，因为他总是害怕被试图将他赶出办公室的对手和阴谋家包围。在那位财政部官员的回忆录中我们找到了对照：“有时候他的焦虑真的会恶化为妄想症。”（注 21）

最终，一切都按照兴登堡和施莱歇尔的计划进行。3 月 27 日星期四晚上，米勒向总统请辞总理职务。随后在私人招待会上，布吕宁的朋友戈特弗里德·特雷维拉努斯在上汤时接到了总统府的电话：“总统希望明天上午 9 点见布吕宁博士，讨论组建新政府的问题。我们无法联系到他。您能帮我们找到他吗？”特雷维拉努斯随即去了波茨坦广场附近的“莱茵黄金”餐厅，并在那里发现了布吕宁——他坐在他习惯待的那张桌子旁。布吕宁听说了这个消息后犹豫不决，但最终同意第二天早上与总统会面，并接受出任总理的提议。在接下来的 3 天内，布吕宁组建了一个内阁。1930 年 3 月 31 日星期一，布吕宁向兴登堡总统宣誓就职。（注 22）

内阁的组建反映了总统的期望，这在魏玛共和国的历史上从未有过。甚至亲政府媒体《福斯报》对此也很惊讶。兴登堡坚持要求从民族主义“右派”中任命两位部长——马丁·希勒（担任农业部部长）和特雷维拉努斯。马丁·希勒是德国国家人民党成员、德国农业联盟（由保守的大地主主导）的主席和杨格计划的反对者。特雷维拉努斯则是德国国家人民党的叛逃者，并于 1930 年 1 月成立了一个名为保守人民党的新议会团体。兴登堡还要求布吕宁让他的朋友乔治·舍策尔继续担任德国邮政局长。布吕宁接受了这一提议。（注 23）

从米勒向布吕宁过渡的宪法意义不可被低估。大联合政府的垮台标志着正常议会民主制的终结，因为参加了布吕宁内阁的政党在国会中并未占有多数席位。议会民主被基于兴登堡紧急法令的总统制所取代。新任总理还主张采取更加果断的外交政策，以重新夺回德国在欧洲大陆的霸权。为了恢复这一地位，德国必须挣脱赔偿的束缚，修改东部边界线，并加强与奥地利的联系。（注 24）

但是，这一政治转变也不应被夸大。摆脱第一次世界大战赔偿，修改东部边界线以及加强与奥地利的合作是当时所有德国政党的共同目标。而且在财政政策领域，由于德国被继续要求实行财政紧缩，所以德国的财政政策具有相当彻底的连续性[57]。此外，曾负责执行紧缩政策的部长和其他高级官员仍继续在任，特别是财政部长莫尔登豪尔和他的国务秘书汉斯·舍费尔。舍费尔是一位来自布雷斯劳的律师，与左翼自由派的德国民主

57　前文曾多次提到，德国在金融危机发生后一直实行财政紧缩。现在虽然内阁换届，但紧缩的主基调没有变，故具有连续性。

党亲近，在第一次世界大战后不久进入了公务员队伍，在布吕宁总理时期的经济和财政政策实施过程中起到了关键作用。

一位高级官员回忆道，舍费尔是一位有能力的斡旋者和“想法产生器”，被认为是“布吕宁内阁的心脏和灵魂”。他因私自将所有会议、电话和对话的摘要速记下来而名声不佳[58]。但多亏了他，我们才能这样详细地了解推动德国危机不断发展的每一个细节。（注 25）

对政策连续性的有力强调消除了市场和投资者的疑虑。米勒总理辞职后的第二天，《福斯报》就在头条刊登了这样的新闻——“内阁危机没有影响：市场情绪依然积极”。在伦敦，恐慌情绪没有出现。道斯债券的价格几乎没有变动，德国货币也保持坚挺。英国《金融时报》撰文称，投资者“对新政府的前景感到欣慰，因为社会主义对新政府的影响变小了”。华尔街也充斥着同样轻松的气氛。道琼斯工业平均指数在 3 月 28 日星期五米勒辞职后和 3 月 31 日星期一新政府宣誓就职后两度攀升。（注 26）

与市场同步，英国和美国的主要报纸也没有发现半点需要保持警惕的地方。《纽约时报》明确提到了德国外交政策的连续性：“无论政治变化如何，我们似乎都可以肯定接替施特莱

58 译者认为这里之所以说“因私自将所有会议、电话和对话的摘要速记下来而名声不佳”，大概是因为对很多政府会议和通话的内容有保密要求，而将重要内容进行速记有泄密的风险。

斯曼博士的现任外交部长柯歇斯将继续任职。德国领导人的智慧在这方面有所体现，即他们已经意识到，无论内部危机多么严重，保持连续的外交政策都至关重要。”驻柏林的《泰晤士报》记者以先例提醒他的读者：“德国国内的政治记忆往往很短暂，人们还在把这样的构想当成新事物，即政府可以不建立在正式联盟上。但是，布吕宁博士组建的内阁（如果他能够成功组建一个内阁）将会与上次选举后米勒先生所建立的‘充满个性的内阁’几乎没有什么不同。”两天后，当新内阁集体亮相时，这位记者又写道：“布吕宁博士拥有总统充分的信任，他的手上已经有了几张好牌，因此，目前我们没有理由去怀疑他会与青年保守派以及地主结盟。他可能会在自觉或不自觉中被不易察觉的民族主义计划者所利用，以实现某种独裁统治。”同样，《经济学人》对布吕宁也保持冷静的态度：“这里有不稳定的因素；但也许现实中我们的困难将会比理论上的要少。”（注 27）

法国媒体则对新的德国政府持保留态度，但与政府关系紧密的报纸不会对新一届德国政府做出过于严厉的指责。《时报》写道：“当人们评判布吕宁内阁时，应根据其行为而不是道听途说的谣言。”与法国前外交部长白里安有紧密联系的《工报》对德国新政府充满希望，该报认为布吕宁是“金融事务专家、该党的最佳领导人和德国国会最受尊敬的成员之一”。《小巴黎人报》写道，米勒内阁的辞职不会给德国外交政策带来改变，但会对德国国内财政政策造成一些影响。第二天，《小巴黎人

报》还预测，鉴于重新选举只会对共产党和激进“右派”有利，亲魏玛体制的政党将竭尽全力避免国会的解散。（注 28）

而亲法国反对派的媒体则更具批判性。它们感到德国议会制度因此受到了损害。亲右翼的《费加罗报》甚至发表了相当负面的评论，预言“这场危机呈现出的威胁可能是德国 10 年来已知的最严重、最深刻的危机之一。即使并非所有迹象都在指向错误的方向，我们仍担心，米勒内阁的辞职只是一系列危机的开始，这些危机大概会持续很长时间，直到我们采取根本性的措施来扭转这一局面：要么解散德国国会，要么等待兴登堡总统引用《魏玛宪法》第四十八条[59]。无论发生什么，德国的议会制都不会变得更强大”。（注 29）

尽管有些社论令人沮丧，但伦敦、巴黎、纽约和华盛顿的总体情绪仍然很乐观。新的德国政府对财务重组的事项表现出了很认真的态度，虽然魏玛的民主制受到了一些附带损害。许多人认为，像布吕宁这样的技术型领导比其属于社会民主党的前任更擅长解决金融问题。此外，在新内阁就职后的几周内，柏林传来了好消息：4 月 3 日，布吕宁在德国国会赢得了参议

59 《魏玛宪法》第四十八条在前文中已提及，为方便读者，故在此处加注。该条文允许总统在某些情况下未经德国国会事先同意而采取紧急措施，颁布“紧急法令”。总统在该条文生效时具有架空国会的权力。

院不信任投票[60]。这表明他领导的政府在国会中虽然未占有多数席位，但仍有能力执政。11 天后，在他的游说下，德国国会以微弱多数通过了财政计划的第一部分，而米勒内阁正是因为该计划被迫下台的。总理府办公厅主任赫尔曼·平德尔在日记中写道："从早上到深夜，一票接着一票。当时的紧张局势是无法形容的，也许是德国国会历史上最严重的。"（注 30）

随后，其他的好消息接踵而至：因为杨格计划获得批准，德国政府得以在谈判后从瑞典金融家伊瓦·克鲁格[61]那里获得一笔巨额贷款。克鲁格通过给德国政府 1.25 亿美元换取了自己在德国火柴业的垄断地位。这笔巨款使得德国政府能够解决当年的短期资金问题。财政部长莫尔登豪尔 5 月初在德国国会的一次演讲中表示，令人倍受鼓舞的是，这笔资金使这一财年实现了预算平衡，甚至可以在次年进行减税。（注 31）

其他地方，也存在着让人乐观的理由：在 3 月下旬和 4 月初，

---

60 "不信任投票"即议会制国家的议会为表决对政府（内阁）的不信任案而进行的投票。不信任案通常在议会有相当部分议员不同意政府的政策和施政方针时提出。若议会通过不信任案，那么政府必须辞职；或提请国家元首下令解散议会，进行改选，然后由新议会决定政府的去留。在本文中，"赢得投票"说明布吕宁总理依然得到了议会中多数议员的支持，因而可以继续执政。

61 伊瓦·克鲁格（Ivar Kreuger，1880 年 3 月 2 日—1932 年 3 月 12 日）是瑞典的土木工程师、金融家和实业家。1908 年，他与他人共同创立了建筑公司 Kreuger & Toll Byggnads AB，专门研究新的建筑技术。通过积极的投资和创新的金融工具，他建立了一个全球的火柴金融帝国。在两次世界大战之间，他通过与欧洲、中美洲和南美洲的各个政府谈判取得了火柴垄断地位，并最终控制了全球火柴生产量的 66% ~ 75%，被称为"火柴大王"。

法国议会两院都以多数票通过了杨格计划。此外，尽管出口受到全球需求减弱的影响，法国经济在 1930 年前两个季度仍在抵抗衰退，但工业生产保持稳定，失业率处于历史最低水平。（注 32）巴黎的咖啡馆、电影院和夜总会都在蓬勃发展。

5 月 17 日，又出现了另外三个令人鼓舞的消息：第一，杨格计划生效。追溯至 1929 年 9 月，巴塞尔的国际清算银行（BIS）开始运作。第二，法国政府宣布将在 6 月底前撤离莱茵兰。第三，白里安向外传播其在欧洲建立更紧密联盟的计划，这再次表示法国愿意改善与德国的关系。1929 年 9 月，他在国际联盟第十届会议上首次勾勒出自己的想法："我认为，在构成地理群体的人民中，如欧洲人民，应该有某种类似联邦的结合。他们应该可以随时保持联系，商讨他们的利益，就联合决议达成共识，并在彼此之间建立团结的纽带，这样，他们就能够在必要时应付任何可能发生的重大紧急情况。这就是我想要建立的联系。显然，首先应该建立经济上的，因为这是解决问题最迫切需要的方面，我认为，我们也许可以朝着这个方向寻求成功。"他的讲话激起了与会代表的极大热情。现在，法国想走出和解的第一步。（注 33）

即使在经济危机严重的美国，情况也在改善。工业生产已经停止下降趋势。自 1929 年 12 月以来，道琼斯工业平均指数一直在攀升（统计图 3）。1930 年 3 月上旬，美国总统胡佛对新闻界说："所有事实都表明，经济崩溃对就业最严重的负面影响将会在接下来的 30 到 60 天内过去。就业形势在整个季节交易时间内都在恢复。随着春季的到来，各种复苏的力量都在逐步加强，各个在复苏进程中起到作用的机构都取得了积极成果，我相信，这将在很大程度上解决现有的困难或困境。”（注 34）

统计图 3　1928 年 6 月至 1930 年 5 月的道琼斯工业平均指数

当然，并不是每个人都认同胡佛的乐观态度。自从 1929 年 3 月胡佛就任新总统以来，对他持怀疑态度的人的数量已经大大增加。在公开露面时，胡佛未能与因经济拮据而陷入苦难的大众建立联系，在经济衰退的初期，人们总是有这样一种感觉：总统知道他自己在说什么。这位身材高大、坚定自信、工作努力的共和党人仍可以将自己的良好声誉建立在自己作为一名工作经验丰富的工程师、高效的行政人员和从事人道主义工作的虔诚的贵格会[62]教徒的基础上。他出生于1874年，10岁时成了孤儿，23岁时离开美国，被英国金矿公司墨林公司派往澳大利亚和中国工作[63]。1900年胡佛回到美国，此后作为一流的矿业顾问在各个大洲进行投资并定期进行全球旅行，变得非常富有。1914年第一次世界大战爆发后，胡佛组织了大规模的救援工作，首先是救援比利时，然后是救援数百万的战争受害者。1917年，他成为新成立的美国食品药品监督管理局的负责人。战后，胡佛领导美国救济组织向中欧进行食品运输。1921年，他出任商务部长，任期8年。在1927年密西西比河大洪水之后，他还成功地进行了救灾管理工作。因此，当他在1928年参与竞选总统时，共和党拍摄了一部名为《赫伯特·胡佛：紧急情况大师》

62　贵格会（英语：Quaker），又称“公谊会”或“教友派”（英语：Society of Friends），是基督教新教的一个派别。贵格会成立于17世纪的英国，创始人为乔治·福克斯。该教会因早期领袖福克斯劝人在上帝面前应震惊颤抖而得名“Quaker”，音译为“贵格”，意为“震颤者”。但也有说法称，在初期宗教聚会中常有教徒因受“圣灵”感动而全身颤抖，因而得名。贵格会的信徒曾经受到英国国教迫害，与清教徒一起移民到美洲；但随后又因受到清教徒的迫害，大批的贵格会教徒逃离马萨诸塞州而定居在罗得岛州和宾夕法尼亚州等地。该教会坚决反对奴隶制，在美国南北战争前后的废奴运动中起过重要作用。贵格会在历史上提出过一些很进步的思想，其中一部分现在已被广泛接受。

63　胡佛与大学同学卢·亨利于1899年结婚。婚后夫妇前往中国天津，胡佛担任墨林公司驻华代表，并被开滦煤矿聘为技术顾问。在中国期间，两人学习并能够流畅使用中文。在胡佛入主白宫后，两人还常为秘密交谈而使用中文对话。卢·亨利也是迄今为止唯一一位精通中文的美国第一夫人。

的竞选短片为他助阵。

对于胡佛来说，经济危机是另一个需要解决的紧急情况。当经济复苏的第一个迹象出现时，他更加坚信自己是带领国家走出这一艰难时期的合适人选。在1929年10月的华尔街股灾发生后，他鼓励公共当局、铁路公司和公用事业组织增加建设计划，并鼓励私企老板维持工资水平。这些措施看起来成功地缓解了危机。甚至连支持胡佛的对手阿尔·史密斯的《纽约时报》也承认："我们不能否认（胡佛总统）指出的一些改善迹象。他从各种官方渠道收集到许多事实，这些事实都在表明关于失业的压力减轻了，许多行业都在计划重启活动。他指出了这些让人倍受鼓舞的事实，我们认为这种做法很正确。他这样做并不是为了鼓吹愚蠢的乐观主义，而是为了激发人们对未来的信心，增强人们满怀希望地向前推进各项事务的决心。"（注35）

只有英国没有保持乐观的理由。英国经济尚未从战争中完全恢复过来就又陷入了衰退。此外，由拉姆齐·麦克唐纳领导的工党与自由党组成的少数派政府开始受到来自内部分裂的挑战。5月，工党内的后起之秀奥斯瓦尔德·莫斯利辞去了部长职务以抗议内阁的紧缩政策。他拥护进口关税，主张工业国有化以及一项旨在减少失业的公共工程计划。莫斯利后来成为英国法西斯主义运动的领袖人物。即使在英国，政治局势仍处于控制之中：没有发生大规模的社会动乱，也没有任何选民变得激进的迹象。

因此，虽然 1930 年春季的经济形势令人警醒，但精英阶层开始产生一种保守的乐观主义情绪。如果布吕宁能设法重组德国的公共财政资源，法国经济继续保持强劲增长，而美国能够加快复苏的步伐，那么世界经济将在这一年摆脱危机，从而带动英国经济的发展。

第 二 部 分

犹 豫

4 希特勒的胜利

“经济危机即将结束”的预测完全是错误的。每个主要经济指标——无论国际贸易、工业生产还是就业，都重现下降趋势。美联储和各国央行被迫进一步放宽货币条件。到1930年6月底，名义利率[64]处于自第一次世界大战结束以来的最低水平。在经历了1929年11月中旬至1930年4月中旬的上涨行情后，纽约证券交易所的股价恢复了下跌走向。在对1930年前5个月的经济状况进行回顾时，《纽约时报》写道：“如果这些‘根据事实得出的报告’是在表达它们自己的观点，那么，它们要讲述的似乎是一个让人感到沮丧的故事，几乎在建筑工程、制造业、采矿业和运输行业的各个分支，都只记录到了反映这些行业在衰退的数字，而预期的季节性收益并未实现。”（注1）

很快，更多的坏消息接踵而至。6月中旬，美国总统胡佛不顾1000多位美国经济学家联合发出的警告，签署了由2名共

64 “名义利率”（英语：Nominal interest rate）是央行或其他借贷机构所公布的未剔除通货膨胀因素影响的利率，即利息（报酬）的货币额与本金的货币额的比率。银行定期存款的利率即为名义利率。

和党人（参议员里德·斯穆特和代表威利斯·霍利）发起的《斯穆特－霍利关税法案》。这部法案具有贸易保护主义性质，其主要内容是将进口关税平均提高20%。尽管这一法案所导致的危害比当时许多观察员所设想的都要小，但它依然向全世界传递出一个负面信号。美国自由派的大本营《经济学人》杂志对这一法案的通过表示难以置信："我们看到，一个伟大的国家正处于经济萧条的严峻时期，面对着日益增长的将产品出口至他国的必要性，却故意建立起反对与世界其他地区进行贸易的壁垒。"（注2）

同时，在大西洋东部，随着约定好的法国军队从莱茵兰地区撤离日的临近，法德关系逐渐恶化。法国将军们提出一个又一个令人意想不到的技术性问题。布吕宁也变得越来越不耐烦，抱怨"自己像一根皮筋一样被'法国军官过度的迂腐'拉扯到了极点"。最终，英国人在德国人的支持下进行了干预。新上台的英国工党政府与1929年5月被投票罢免的保守党前任不同，它以牺牲英国与法国的特殊关系为代价，赞成德国迅速复兴。1930年4月下旬，英国外交大臣亨德森敦促英国驻巴黎大使向法国当局施加压力。亨德森担心，延缓行动"可能会产生更大的影响，并让顺利、如实地执行杨格计划变得更加困难"。（注3）

最终，法国军队如期离开莱茵兰。6月30日，法军在撤离时，觉得自己受到了欺骗。德国总统兴登堡和布吕宁内阁并没有如法军想象的那样将这一事件赞扬为"德法向和解迈进的又一大步”，而只是向为祖国的自由献出生命的德国人表示敬意，并表示希望法国尽快归还萨尔。声明以凝聚国家力量的战斗口号结束：“让我们把这一神圣时刻的决心变成令我们团结一致的决心。经过了多年的磨难后，让我们团结在一起，通过和平的方式，让我们敬爱的祖国恢复那更美好、更明亮的日子。让我们团结在这一口号下——Deutschland, Deutschland ü ber alles!”[65]（注 4）

类似的场面很快再次出现：在德国国防军在柏林的一个体育场举行的群众大会上，成千上万的观众热情响应着民族主义的口号。在柏林市中心的一次集会中，由共和团体建立的“国旗团”[66]出现在庆祝法国结束军事占领莱茵兰的活动现场，并唱了国歌。第二天，德国国防军在普鲁士国王和德国皇帝曾居住过的城市宫[67]旁的快活园内鸣枪 21 响。这是自 1914 年 1 月皇

65　这句口号意为“德意志，德意志高于一切”。其来自德国国歌《德意志之歌》（德语：***Deutschlandlied***）。歌词有三段，在魏玛和纳粹时期，包含“德意志高于一切”的第一段歌词特别受重视；联邦德国建立后，采用“Einigkeit und Recht und Freiheit”（统一、正义和自由）作开头的第三段为歌词，其余两段不被采用为官方版歌词。

66　“国旗团”即“黑 – 红 – 金国旗团”（德语：Reichsbanner Schwarz-Rot-Gold），是魏玛共和国时期的德国的一个组织，由德国社会民主党、德国中央党和德国民主党成员于 1924 年 2 月组成。它的目标是捍卫议会民主制，防止来自左派和右派的内部颠覆和极端主义，教育人民尊重新生的魏玛共和国，尊重魏玛共和国的旗帜和宪法。

67　柏林城市宫（德语：Berliner Stadtschloss）是德国柏林市中心的宫殿，曾经是普鲁士王国的王宫和德意志帝国的皇宫。“二战”后因损毁严重，城市宫遭民主德国当局拆除。两德统一后该建筑被作为“洪堡论坛”的总部开工重建。

帝诞辰以来举行的第一次军礼庆典。（注5）

布吕宁内阁决定发行硬币，上面带着具有挑衅意味的字样："莱茵河，德国的河流，不是德国的边界。"虽然外交部长柯歇斯反对这一决定，但无济于事。随后，他们宣布，兴登堡总统将在7月中旬穿越"解放"地区[68]。他将在美因茨城中曾经被拿破仑·波拿巴使用过的大公宫殿（也曾是法国军事总部所在的地方）里停留。（注6）

对此，法国亲政府的《时报》感到非常失望："兴登堡总统和各部长的声明并没有一个字涉及与法国恢复友好关系的前景展望，而这本应是在法军撤离莱茵兰后一个合乎逻辑的结果。"英国人也大吃一惊。朗博尔德大使从柏林向伦敦发了一份电报："在我看来，这份宣言体现了德国人性格中两个令人困扰的弱点，即忘恩负义与处事不周。"他还特别担心宣言中关于萨尔的部分："德国人性格中有一个不受欢迎的特点，那就是当他人给予恩惠时，德国人很少会表现出感激；而当他人在给予恩惠之后又有求于德国人时，德国人就会感到不耐烦。"（注7）

随后，事态变得更严重了。在法军撤离莱茵兰后，德国国内开始出现报复性行为，目标是那些曾主张分离莱茵兰的德国人。根据美联社的报道，凯泽斯劳滕发生了三人重伤、房屋被烧毁的恶性事件。"一个多小时以来，警察完全无法应付这些无法

68 "解放"地区即法军撤离后的"莱茵兰地区"，后文中提及的凯泽斯劳滕、美因茨、威斯巴登都是莱茵兰地区的重要城市。

无天的暴徒。”美因茨也发生了类似的事件。《福斯报》以“滥用私刑法”为标题描述了针对有分裂主义嫌疑者参与的骚乱。“尽管出现了有针对性的威胁——有的房屋被贴上了标语和海报，甚至突然出现了微型棺材（这都表明麻烦正在到来）——但警方并没有采取任何措施预防骚乱。”威斯巴登也报道了类似事件。（注8）

在这些暴力冲突发生后，法国舆论情绪从失望变成了厌恶。《时报》在文章中弃用了慎重的语气，称这些冲突“令人讨厌、非常过分”。我们可以理解法国方面的震惊，因为从莱茵兰撤军对法国构成了巨大的安全隐患。法国放弃了自己的安全缓冲区，因为保有该区本是一种针对德国潜在袭击的保险机制。法国本希望通过这种撤军行动来加强双方的互信，但是德国的反应完全改变了约定的规则。从法国的角度来看，柏林是把自己的妥协误认为软弱。（注9）

因为从莱茵兰撤军的问题在本国国内政治中不断引发争议，法国因此做出了特别强烈的回应。在1929年8月的第一届海牙会议上，当时兼任总理的法国外交部长白里安在英德两国的压力下做出了撤军决定，因此他立即失去了法国参议院的多数支持，最后不得不辞去总理职务。利用这一政治势头，他的继任者安德烈·塔迪厄立即加快了从南部法瑞边界到北部卢森堡的防御工事的建设。该项目是在20世纪20年代成型的，以当时法国战争部长安德烈·马其诺之名将其命名为“马其诺防线”。

参众两院均于 1929 年 12 月下旬以 90% 以上的支持率通过了加快该防御项目建设速度的法律。

与英国人一样，塔迪厄和马其诺也知道德国的秘密重整军备计划。1930 年 2 月，英国的帝国总参谋长米尔恩将军写了一篇备忘录，这篇备忘录以警告性文字结尾："从表面上看，他们在很大程度上遵守着《凡尔赛和约》的各项规定；但与此同时，他们也在通过秘密方式努力逃避该条约做出的限制，希望能够做好周全的准备，以便在将来政治局势允许的时候进行大规模扩张。因此，他们当下的目标不是要现役的德国军队为战争做好准备，而是要将整个国家组织为一个整体，尤其是在工业方面，以便在必要时可以再次将自己转变成战争机器，同时防止尚武精神在德国消亡。"（注 10）

很明显，巴黎必须在这种群情激昂的国内气氛中采取一些外交行动。法国内阁指示法国驻德国柏林的大使皮埃尔·德·马尔热里向德国政府交付一份外交照会[69]。德国驻法国巴黎的大使利奥波德·冯·赫施随后设法给这一紧张局面降温，引用了德国官方回应，宣称法国在占领莱茵兰地区的 1923 年资助分离主义运动。尽管如此，但法国大使在向德国外交部长柯歇斯传递

---

69 "外交照会"（英语：diplomatic note。法语：Démarche）也称"通牒""照会"，是指国际交往的一种文书，是对外交涉和礼仪往来的一种重要手段。照会分正式照会和普通照会两种。正式照会是由外交部长、外交代表代办签发，行文用第一人称，一般不加盖机关印章。普通照会是由外交部或大使馆、公使馆等机关发出，行文用第三人称，加盖机关印章，一般不需签名。

信息时显然没有退却。因为在会议结束后，柯歇斯这样记道："争端有升温趋势，双方恐怕达到了能够容忍的极限。"法德关系也降至新的冰点。（注 11）

法国人最终被德国发生的其他事件彻底激怒了。在前往西部的"解放"城市之前，兴登堡总统敦促普鲁士政府[70]暂停 1929 年 10 月发出的针对莱茵兰和威斯特伐利亚地区的"钢盔"组织的禁令，以作为对非法军事演习的回应。"钢盔"组织是 1918 年 11 月成立的准军事组织（成员是前一线士兵）。自 1929 年起，该组织向极右翼靠拢，兴登堡总统是该组织的名誉会员。在兴登堡扬言要取消他前往莱茵兰的行程之后，以社会民主党人奥托·布劳恩为首的普鲁士政府最终屈服了。7 月 16 日，对"钢盔"组织的禁令正式中止。（注 12）

还有一件事让法国人感到失望，那就是德国人对白里安的"欧洲联盟体系组织备忘录"的回应。德国政府像此次这样表达保留意见的情况并不多。其他国家（尤其是英国和意大利）也对此表

70　这里的普鲁士政府是指魏玛共和国时期的普鲁士自由邦（德语：Freistaat Preußen）政府。在第一次世界大战中，德国战败，德意志帝国解体，普鲁士改为自由邦。普鲁士邦的用地和人口于数量方面在魏玛共和国时代占德国的过半数，它是德国最重要的邦。第二次世界大战后，同盟国及苏联认为普鲁士是"德国军国主义的发源地、德国军官团和容克贵族的大本营、德国专制思想及侵略思想的策源地，必须予以消灭"，因而在对德进行军事管制时颁布法案取消普鲁士邦的建制，解散普鲁士的各级政府——原普鲁士邦领土分别被并入波兰和苏联，以及美、英、法、苏四国占领区。在波兰和苏联分得的领土上，德意志居民被全数驱逐，普鲁士至此正式灭亡。

示怀疑。但是只有德国得罪了法国政府，不仅是因为它回应的语调，还在于它试图将对白里安计划的支持与对《凡尔赛和约》的修订联系起来的意图。显然，德国的外交政策进入了一个新阶段。在法国从莱茵兰地区撤军前，柏林还饶有兴趣地与巴黎进行对话。一旦德国实现了收回莱茵兰的目标，便可以无视法国的利益，奉行更具侵略性的外交政策。为了支持这一新的路线，布吕宁在外交部进行了重要的人事变动。前总理比洛（他一直反对德法和解）的侄子伯恩哈德·冯·比洛（此处应为总理的名字，疑似作者写错，但无法查到其侄子名字，故保留并注释。——编者注）接替了卡尔·冯·舒伯特（他是一名坚定的德法合作支持者）的国务秘书职位。6 月 2 日，新任国务秘书在威廉大街上任了。（注 13）

伴随着这种日益增加的政治怀疑氛围，杨格债券只得到了一个令人失望的发行结果。它在市场上的价格迅速地跌破了面值 90% 的发行价。事实证明，之前那些认为杨格计划将促进世界经济发展的观点只不过是白日梦。对此，德国主要经济杂志之一的《德意志经济学家》表示震惊："杨格债券的发行失败并不是一件只波及少数投资者的无关紧要的事件。它意味着德国的国家信用受到了目前无法弥补的损害。"（注 14）

德国不断恶化的财政状况是杨格债券反响不佳的主要原因。到 5 月初时，这一态势已经非常明显：德国的失业人数大幅增加，而税收收入大大低于预期。因此，失业保险基金继续处于亏损状态。市政当局也陷入财务困境。据估计，德国还需要额外的 7.5 亿马克（这相当于当年德国年度预算的近 10%）才能恢复公共财政。财政部长保罗·莫尔登豪尔被迫准备一份紧缩预算计划。5 月 10 日，国务秘书汉斯·舍费尔与布吕宁总理进行了长时间的私人对话，并敦促他在 7 月之前采取行动。布吕宁最终妥协了。（注 15）

在接下来的数周中，内阁举行了一次又一次的会议，苦心构思各种能够凑集预算经费的方案。6 月 6 日，他们将新的计划告知了媒体，这个计划包含三个部分：首先，为了巩固失业保险基金，该计划提议将工人的缴款比例从工资的 3.5% 增加到 4.5%，并进行了一些储蓄改革。其次，为了增加政府收入，该计划建议对在公共和私营部门领取固定薪资的雇员临时征收 4% 的紧急税，对未婚人员加征 10% 的税，并提高针对董事会成员奖金的税率。此外，政府还将尝试出售德国铁路公司的优先股，并通过更改支付安排来增加香烟的税收。最后，该计划提出了一系列削减支出的措施，特别是健康保险补偿和给各邦、市政当局的转移支付。为了减轻以上措施带来的紧缩效应，内阁承诺进行数亿马克的投资，以支持创造新岗位的计划。（注 16）

可以预见，这份紧缩计划非常不得人心。社会民主党的党报《前进报》愤愤不平地发出质问：“支持这一切决定的多数派在哪里？”甚至这份紧缩计划的设计者——财政部长保罗·莫尔登豪尔，都没有得到他所属的中右翼德国人民党的支持。德国人民党代表对计划中新增的高达 4% 的紧急税很不满意，因为这一政策严重影响了他们的选民基础[71]。6月中旬，在内阁正式支持莫尔登豪尔计划后，德国人民党代表决定将他赶出办公室。此后，莫尔登豪尔于6月18日的内阁会议上宣布辞职。“我没有得到公众的支持，”他解释说，“我失去了公信力。”（注17）

财政部长早早辞职，预示着受技术官僚影响的布吕宁内阁推出的这份紧缩计划在国会通过的可能性并不大。在大联合政府结束1930年3月的任期前，财政部长希法亭就在1929年12月辞职。历史会重演吗？

莫尔登豪尔的继任者是布吕宁内阁副总理赫尔曼·迪特里希。迪特里希比莫尔登豪尔更加开朗，而且充满了活力。他于1879年出生在德意志帝国西南角的巴登大公国，后来在大学学习法律并在30岁之前成为职业政治家。他起初出任巴登地区一个城镇的镇长，后来在战争期间，在康斯坦茨市担任高级市长一职。战争结束后，他在巴登政府中工作了两年，然后成为左翼自由派阵营德国民主党的国会议员。1928年，他被任命为大联合政府的食品和农业部长。1930年3月，布吕宁出任总理时，迪特里希被派往经济事务部。而在1930年6月，他接任了财政部部长一职，将要面临的是他职业生涯中最艰巨的工作。（注18）

尽管很有天赋，但就财政部部长一职而言，迪特里希还是一位备受争议的人选。无论在政策方面，还是领导方面，他都缺乏一致性。迪特里希还因激动易怒而名声不佳，德国政府里

71　德国人民党的选民主要是实业家。

的高级官员称他为“雷鸣的上帝”和“瓦尔德古塔赫（迪特里希的家乡）的农民”。迪特里希对德国的森林情况无所不知，据说可以徒手抓鳟鱼，但是他却无法理解经济危机的动态。最重要的是，他的反犹太主义导致他反复与犹太血统的国务秘书汉斯·舍费尔发生冲突，尽管舍费尔在财政政策方面学识渊博。虽然两人的冲突非常激烈，但是迪特里希和舍费尔都坚信，纳粹党应该被排除在德国的官僚机构之外，即使当时的纳粹党并不是一支强大的队伍。（注19）

迪特里希尽管满怀热情地投入战斗，重新调整了紧缩计划，但还是很快就像他的前任莫尔登豪尔一样陷入了困境。正如他与各政党领导人斡旋时所表明的那样，在国会中没有赞成另一轮紧缩政策的“多数派”。但是布吕宁不愿意重启整个过程，他警告部长们：“如果内阁现在动摇了，那我们将面临一场经济灾难。”“我不会在与其他党首的谈判中期待任何东西。我不愿意让自己陷入无望的境地，然后在那里受到别的惩罚。我将阻止国会里的战争。”（注20）

布吕宁“有原则”的方案没有对反对派造成任何影响。7月16日中午，德国国会发表了裁定结果：449名代表中有256名拒绝了针对工薪阶层的紧急征税。这在实际上埋葬了整个紧缩计划。该计划的反对者系由社会民主党、共产党和极端右翼（胡根堡的德国国家人民党和纳粹分子）组成的所谓“邪恶联盟”。左派批评社会服务的声音减少，他们呼吁对高收入阶层加征更高的税收，而右派则希望加速政府的垮台并创造经济混乱的局面。即便如此，布吕宁仍然没有屈服。他知道自己拥有兴登堡总统的授权，可以通过援引《魏玛宪法》第四十八条[72]来执行他的紧缩计划，并在国会拒绝激活“第四十八条”的情况下解散国会。事实也同样如此，在遭受挫折之后的几个小时内，内阁通过援引“第四十八条”（注 21）采取了紧缩措施。

社会民主党立即提出了一项法案，要求驳回执行“第四十八条”的申请。他们认为，一旦本党与紧缩政策相妥协，他们作为左翼主要代表的声望将受到损害。“这事关工人阶级，”社会民主党的机关报《前进报》写道，“布吕宁的政策是从上而下地进行阶级斗争。”社会民主党人也知道，如果他们认可了这份紧缩政策，他们的选票将会流向共产党人。

7 月 18 日，德国国会再次举行会议，就社会民主党提出的法案进行辩论和投票。直到最后一刻，大家依然不知道究竟是布吕宁还是社会民主党会占上风。快到下午 1 点时，国会主席宣布有 236 名代表投票赞成驳回执行“第四十八条”的申请，另有 221 人反对。“邪恶联盟”再次占了上风，尽管胡根堡的国家人民党的一些成员已经离开了。在布吕宁总理登上发言台，宣读兴登堡总统宣布解散德国国会的法令时，纳粹分子高呼“Bravo!”（好极了！）。这时，共产党代表大喊：“与这个

72　本章多次提及《魏玛宪法》第四十八条，为节约篇幅，译者以“第四十八条”作为简称。“第四十八条”的原文在第三章中提及过，此处不再赘述。

贪得无厌的政府抗争！”布吕宁结束他的简短发言后，国会主席以简洁的言语结束了本次会议：“至此，我们在这里的工作结束了。”（注 22）

几分钟后，内阁在国会大厦内的一间会议室召集会议，并定于 9 月 14 日举行选举。他们还决定请兴登堡总统发布新的紧急法令，以便他们颁布紧缩方案。现在德国国会已经解散，因此这样的策略是合法的。如兴登堡总统承诺过的那样，他支持布吕宁。7 月 26 日，他颁布了 1930 年的预算、新的税收以及提高失业保险基金的资金调拨政策。一场财政危机得以避免，但代价是德国陷入了全面的政治危机。（注 23）

1930 年 3 月，大联合政府任期结束。1930 年 7 月，尽管解散国会已经是不可避免的事情，但当时的人们还是进行了强烈的反对。一些人指责布吕宁没有尽力与社会民主党达成协议；其他人则认为，社会民主党人在 1930 年 3 月没有捍卫大联合政府，现在也不会捍卫议会制度。布吕宁内阁的喉舌《福斯报》在社论中写道：“社会民主党人提供了证据，证明没有他们，政府将无法执政。但这是怎样的代价啊！他们在民主的敌人——共产党人、纳粹分子和胡根堡的随同人员[73]——的帮助下，骗取了国会的解散。”（注 24）

但是我们有理由相信，布吕宁别无选择。现在的一些历史学家也是这么认为的，因为当时国会中不同党派间的裂隙正在演变

73 这里指的是德国国家人民党。

为一道鸿沟——德国国家人民党一路向右，社会民主党则坚持向左。7 月 15 日，即紧缩方案在国会被否决的前一天，布吕宁总理向他的部长发问，如果社会民主党人表示愿意谈判，他该怎么办。只有一位部长认为，向社会民主党的立场靠拢是个好主意。其他所有人都认为，这种战术上的改变是徒劳的。布吕宁同意他们的观点，认为“中右翼政党将不会再支持我们”。（注 25）

无论如何，本应清理财政混乱局面的技术官僚已经失败了。此时，一则令人震惊的消息从科布伦茨传来，它让局势变得更糟：兴登堡总统在访问“已解放的”莱茵兰时，在科布伦茨停留。7 月 22 日深夜，埃伦布赖特施泰因要塞举办了令人赞叹的焰火表演，活动结束后，一座高架桥倒塌，有约 200 名观众掉入河中，其中 35 人被淹死。因此兴登堡紧急中止了访问，回到了柏林。（注 26）

与大联合政府的倒台形成鲜明对照的是，解散国会的行为对金融市场产生了严重的负面影响。投资者开始意识到德国的政治并不稳定。早在布吕宁于国会战败的一周前，德国央行就损失了近 2.4 亿马克，这占其黄金和外汇储备总额的 8%。国会解散后的一周之内，在阿姆斯特丹上市的杨格债券下跌了超过 4 个百分点。杨格债券的下跌趋势后来慢慢放缓，直到 8 月中旬才稳定下来，随后便又是 9 月中旬的大选。（注 27）

此时的外国媒体也表现得比大联合政府垮台时更加担忧。《经济学人》谈道：“看起来，德国严重的政治危机可能会产生深远的影响。”《经济学人》还针对经济危机带来的政治风险发出了警告："鉴于严重的经济危机正在各地引起巨大动荡，选举活动将不会进行得非常愉快。"《泰晤士报》指出了柏林国会解散事件在国际层面的影响："德国的金融和经济稳定当然不仅仅是德国一个国家关心的问题；出于各种原因，国外会格外关注紧急措施的性质和对选民进行呼吁的结果。"在巴黎，《时报》担心德国民主制度的恶化："每个政党都将精力主要集中于捍卫其选举客户的利益。"（注 28）

法国的外交官和部长们也日益警觉。7 月 25 日，法国驻柏林的财政专员向巴黎发送了这样一篇电报："我不想太悲观……我不想让巴黎过分烦恼……（但是）我无法阻止自己看到处于一片暗淡中的局势……"法国驻柏林大使皮埃尔·德·马尔热里并非经济专家，即便如此，他也开始了解到德国已经进入了危险的领域。德·马尔热里从柏林发出的急电让法国外交部部长白里安警醒，在德国国会解散后，他向财政部长雷诺写了一封信："在此情况之下，我们无所适从。"（注 29）

因此，到 1930 年夏天，人们的情绪发生了戏剧性的变化。在年初，人们还在欢欣鼓舞地欢迎杨格计划，认为这是迈向欧洲和平的新一步。而现在，社会上则充斥着失望、怀疑和恐惧情绪。（注 30）

布吕宁在选举中的表现如何？ 8 月初，国务秘书汉斯·舍费尔在瑞士度假胜地萨斯费的小屋中度假时，在给汉堡银行家马克斯·瓦尔堡的一封长信中阐述了他的预测。舍费尔预计，纳粹党将获得40个席位，胡根堡的德国国家人民党将获得30个席位，共产党将获得58个席位。9月初，英国驻柏林大使霍勒斯·朗博尔德爵士致信外交部长亨德森，信中提到“纳粹分子确信，在选举中，他们将获得超过300万张选票，并在德国国会获得五六十个席位。对我个人而言，这个数字似乎有些高，我们可以假设纳粹党人会采用偏高的估计结果”。在投票后，总理府高级官员赫尔曼·平德尔预测共产党将赢得50个席位，由纳粹党和德国国家人民党组成的极右派将获得100个席位。（注31）

当选举结果在深夜公布时，很明显，即使是悲观主义者也过于乐观了——共产党赢得了77个席位，纳粹党和德国国家人民党共获得148个席位（其中纳粹党获得了107个席位，德国国家人民党获得了41个席位）。纳粹党现在是德国国会中仅次于社会民主党（143个席位）的第二大政党。而在1928年时，纳粹党还是一个不起眼的边缘小党，仅赢得了2.4%的选票（表4.1）。《福斯报》写道：平德尔吃惊地表示“这真是一个可怕的选举结果”，这是“激进主义的胜利”。（注32）

表4.1　1928—1932年德国国会选举结果

党派	1928年5月20日		1930年9月14日		1932年7月31日		1932年11月6日	
	百分比（%）	席位数量	百分比（%）	席位数量	百分比（%）	席位数量	百分比（%）	席位数量
德国共产党	11.0	54	13.6	77	14.6	89	17.1	100
德国社会民主党	31.2	153	25.2	143	21.9	133	20.7	121

（续表）

党派	1928 年 5 月 20 日		1930 年 9 月 14 日		1932 年 7 月 31 日		1932 年 11 月 6 日	
	百分比（%）	席位数量	百分比（%）	席位数量	百分比（%）	席位数量	百分比（%）	席位数量
德国中央党	12.7	62	11.9	68	12.3	75	12	70
巴伐利亚人民党	3.3	16	1.8	10	3.6	22	3.4	20
德国民主党	4.9	24	3.5	20	0.7	4	0.3	2
德国人民党	9.2	45	5.3	30	1.2	7	1.9	11
德国国家人民党	14.9	73	7.2	41	6.1	37	8.9	52
纳粹党	2.4	12	18.8	107	37.8	230	33.6	196
其他党派	10.4	51	12.7	72	1.8	11	2.1	12
总计		490		568		608		584

（数据来源：德国统计部。）

在执政联盟中，只有布吕宁的中央党避免了席位流失，但其现在的席位数量也少于共产党的。此外，民众普遍积极参与投票（投票率高达 82%），这意味着德国社会已经没有支持布吕宁路线的“沉默多数派”。相反，有许多新的选民选择前往投票站，以表示他们对现状的不满。议会对政府的支持大大降低了。布吕宁只有在社会民主党人支持他的情况下才能执政，但兴登堡总统强烈反对他们加入政府。（注 33）

纳粹党获胜的原因很多：首先是经济危机和随之而来的人们对政治的不满。其次是纳粹党人通过现代宣传工具进行了有组织的运动。此时，希特勒的人格魅力吸引了所有的阶级，同时他还承诺要恢复德国的伟大和原有势力。最后也是最重要的一个原因是，纳粹党成功地将德国国内经济危机归咎于杨格计划。通过聚焦这一问题，纳粹党提出了一种得到了绝大多数德国人认同的观点。甚至社会主义的工人联合会也赞成修订杨格计划。此外，杨格计划与国内经济危机之间的确存在着联系。德国发现自己之所以陷入了一个债务陷阱，部分原因正是赔偿制度，因此，责备债权国就变得很容易。

在德国国会解散仅几小时后，希特勒在慕尼黑的纳粹集会上发表了第一次竞选演讲，他指出，杨格计划象征着魏玛精英的失败：

> 当然，制订杨格计划并不是唯一的罪行，但它是最新的，也是最清晰可见的罪行。“瓦罐常汲水，早晚要打破”——它应该被打破！[74]我们将确保在竞选活动中明确地梳理出那些扰乱德国的人所犯的错误，这样他们就不能通过耍伎俩或者缺席活动而得到赦免。（注 34）

10 天后，在纳粹党领袖的一次集会上，希特勒描绘了他的

74　“The pitcher goes often to the well and gets broken at last—and it should get broken!”是一句英文谚语，字面意思为不要频繁地拿着瓦罐去井里打水，否则瓦罐会被打破（因为无水可打，同时暗示打水人已经遭遇不测）；深层含义为不要过于频繁地重复同一件事情，否则迟早会以失败告终。

竞选计划：“我们应当采取一种思路——杨格计划、马克思主义和资产阶级以同样的方式背负着罪责。这样可以保证纳粹党在支持杨格计划的政党的严厉、残忍的攻击下乘势而起。”（注35）纳粹党的竞选经理约瑟夫·戈培尔立即理解了这一要点，并引导党的发言人将精力集中于赔偿事宜。相比之下，当时针对犹太人的诽谤较少。可以肯定，反犹太主义在纳粹运动中一直都存在，或者与对支持杨格计划的政党的攻击混合在一起（图9）。投票支持希特勒的人们都知道，希特勒将整个德国所遭受的苦难都归咎于犹太人，他们对此表示赞同。但这不是能够成功动员众多选民前往投票站的主要议题。（注36）

希特勒将精力集中于被杨格计划搞得手忙脚乱的布吕宁。布吕宁总理曾希望这场选举能成为关于其经济政策的全民公决，他坚信，多数选民会承认他是解决金融混乱局面的最佳人选。但是这一结果并没有出现。8月20日，布吕宁警告他的部长：“外交政策在很大程度上被纳粹党劫持了。”因此，他向部长们呼吁“在关于外交政策问题的声明中要尽可能地审慎”。布吕宁在政治决斗场上被逼入了困境，无法全力投入战斗：他如果支持废除赔偿，就会让外国投资者感到不安；他如果与试图结束赔偿的人民运动进行斗争，就必然会输掉选举。（注37）

法国的《时报》在选举后的社论中很好地总结了德国大选的动态：“德国人民被要求对布吕宁内阁的金融和财政政策做出判断。但是从选举活动的第一天起，这一问题就被莫名其妙地降到了次要位置。没有人愿意接触这个微妙的问题，因为这意味着要求人民做出新的牺牲，并给他们增添新的负担……在这种情况下，我们看到一场充斥着德国外交政策的竞选活动就不足为奇了。这个主题允许所有的团体通过做出最荒唐离谱的

图 9　1930 年 9 月纳粹党的竞选海报："打碎他们！"（左上角）、"支持杨格计划的政党"（左下角）、"选择名单第九位——德国国家社会主义党（纳粹党）"（右下角）

煽动行为来使自己在选举中胜出，他们知道可以用这种方式唤起全体选民的情感。”（注 38）

纳粹党在德国北部和东部的新教徒群体中特别强势，尤其是在农村地区。在某些农村地区，他们获得了超过 50% 的选票。但是，他们真正的成功在于动员了各行各业的人去投票，其中许多人是第一次参加选举投票。即使是传统上不愿投票支持激进政党的女性选民，如今也以与男性选民相同的程度投票支持纳粹党。在过去，希特勒政党在工人阶级、工业城市和天主教地区的代表人数一直不足。而 9 月大选的结果则刷新了人们的认知——即使在共产党、社会民主党和天主教中央党的势力范围内，纳粹分子也取得了立足之地。他们成功地组织了一场活动，吸引所有团体来抗议魏玛共和国的失败。（注 39）

《福斯报》的一位记者参观了柏林纳粹党庆祝活动，对现场与约瑟夫·戈培尔一起进行庆祝的纳粹支持者的分布之广感到惊讶。“柏林的纳粹党成员预定了体育宫[75]的大厅，为了在星期日晚上庆祝选举胜利。仪式在欢快而喧闹的气氛中举行。纳粹党的支持者们举家前来，有的甚至带上了自己的孩子，他们坐在临时安装的桌子旁，而非像往常那样成排的座椅上。”

75　柏林体育宫（建于 1910 年，于 1973 年被拆除）是一座多功能室内体育馆。根据活动的类型和座位的设置，体育宫最多可容纳 14000 人。它曾是柏林最大的会议厅。体育宫因纳粹时期纳粹党在此举行的诸多演讲和集会活动而出名，尤其是纳粹宣传部长约瑟夫·戈培尔于 1943 年进行的“全面战争”演讲。

记者采用类似意识流[76]的写作手法继续对这一庆典及氛围进行了长篇的描述：

> 德国国家社会主义党柏林分部的领导人戈培尔博士出现时，现场人们给予了热情的回应。他在发言中并没有对他所在的党派的未来政策做出任何准确的表述。他的发言中穿插着音乐。节庆般的心情，兄弟般的情谊。人们挥舞着带有“卐”字符的红色小旗，他们情绪很好。
>
> 现场有许多雇员（有一些是售货员），大概还有公务员、学生。其中有许多妇女，尤其是年轻女子。也许他们已经被解雇，也许他们的薪水已被削减，现在他们都期望能从希特勒这里得到救赎和经济援助。还有很多穿着考究的老年夫妇，很显然他们属于中上层人士，其中有些人还戴有

76 “意识流”由美国心理学家威廉·詹姆斯提出，他认为意识是不断流动的，而每个人所谓的事物，只是他自己从意识流中划分出来的片段。这是“意识流”这一概念在心理学上第一次被提出。意识流文学主要涉及的技巧包括内心独白（在没有听众的前提下，一个人物直接表露自己的心声）、自由联想（人物头脑中的事物没有任何规律、次序，其只在一个问题或事物上做短暂停留思考，随即受下一个新事物所引发的感触的影响）、时空交错（如多视角、特写等），以及语言使用上的创新与变异等。

勋章。他们叛变了胡根堡政党，前来追随更刺耳的声音[77]。

因此，在场的所有人，虽然处于不同的社会和经济地位，但都为戈培尔欢呼。戈培尔在过去的一个半小时里忙得不可开交，在数百张明信片上签上自己的名字。入迷的年轻女孩们都在看着他。他是柏林竞选活动的明星。他面带微笑，接受玫瑰花束，几名年轻男子将他抬出大厅，然后放到一辆非同寻常的黑色奔驰汽车中。汽车的散热器几乎消失在藤架中。

然后，人群便散开了。负责保证体育宫外宽广的范围内处于警戒状态下的治安警察队伍的工作并不艰难。（注 40）

第二天，纳粹党的宣传部领导在他的日记中也对这次庆典进行了记录：“我们的人民变得疯狂起来，特别像 1914 年[78]时那样激动。体育宫如同一所疯人院。”（注 41）

77　本书第三章第六段曾提到希特勒“声音刺耳”，因此这里“追随更刺耳的声音”是指这些保守的中上层人士抛弃了胡根堡的国家人民党而转投纳粹党阵营。在 1930 年纳粹党成为国会第二大党之前，国家人民党是德国奉行保守主义、民族主义的主要政党。但纳粹党比国家人民党更加激进，更能吸引右翼选民，因此国家人民党在纳粹党得势后便很快失去其影响力，并最终在 1933 年 6 月宣布解散。

78　1914 年为第一次世界大战开始的第一年，当年 8 月德国向俄国、法国宣战，随后攻陷比利时、卢森堡全境，以及法国北部大片区域。当时德国国内进行了狂热的民族主义宣传，甚至很多学生也被鼓动从军（参见第七章中《西线无战事》的有关注解）。

5　勒马回头

布吕宁总理对选举结果感到非常尴尬。早在7月，他就认为这次选举会扩大他在选民中的政治支持面。然而情况恰恰相反，现在他的政府比以往任何时候都更加虚弱。选举日后的星期一早晨，他以非正式的形式会见了几位部长，针对新形势进行了讨论。这是一种既沮丧又不服的情绪，就像一位参与者观察到的："人们都拉长着脸，他们有一种感觉，无论如何，必须做些事情。"（注1）

最终，他们决定在外交舞台上使用更具侵略性的语言，因为每个人都同意杨格计划是导致选举失败的根本原因的观点。布吕宁派出他所属的中央党党主席、高级教士卡斯到日内瓦，敦促外交部长柯歇斯在国际联盟理事会会议上大声疾呼。然而这一倡议完全事与愿违。外交部长因为这位教士的干涉而感到被冒犯，因此拒绝修改他的演讲稿。他感觉到"柏林的那些人已经失去了理智"，并坚持认为修改行动方案只是徒劳之举。卡斯坚持要一个答案。"那么然后呢？"柯歇斯问卡斯，并解释说，如果总理坚持这些想法，那么自己将离开日内瓦。卡斯最终改变了主意，并于第二天早晨乘飞机返回柏林，而外交部长柯歇斯也如愿以偿地按照他一直打算的那样做了演讲。（注 2）

当天唯一的好消息是，在将卡斯送往机场后，布吕宁见到了兴登堡总统并得到了他的支持。这位曾经的陆军元帅对曾经的前线军官[79]说："继续沉着冷静地工作。"但是总统的支持并不能改变纳粹党和共产党在选举中取得胜利的事实。总理的执政党在德国国会中只拥有不到 200 票；为了实现议会多数，他们至少需要 288 票。看起来，他们没有前进的路了。（注 3）

第二天早上，布吕宁召集内阁进行大选以来的第一次正式会议。因为仍沉浸于悲观情绪中，他几乎没有做什么发言。他唯一透露出的信息是他不会辞职。"有些人认为，我们应该把责任推给胡根堡和纳粹党，因为在这样的情况下，这些政党所散发出的光辉很快就会消失。出于宪制原因，我不能同意这种观点。"因此，唯一的选择就是与社会民主党建立非正式的联盟。当布吕宁希望在 7 月通过紧缩计划时，社会民主党人曾让他失望。他们这次会跟随布吕宁吗？我们很难找到能够令人感到乐观的理由。在 9 月份的选举中，社会民主党的选票大量流向了共产党，他们很难对一名希望推行紧缩政策的总理表现出

79　前文曾提到，兴登堡曾担任德国陆军元帅，而布吕宁在第一次世界大战时从军，并被提拔为军官。

善意[80]。(注 4)

布吕宁讲完后，财政部长迪特里希介绍了当下的财政状况，同时明确表示，现在的前景更加暗淡。他还透露，8 月的资金缺口将会比预期的要大得多。因此，政府如果不执行另一项紧缩计划，就会再次耗尽现金。“我们可以维持 12 月中旬之前的付款安排，”他对同事说，“我无法预见 12 个月后会发生什么事。”劳工部长斯特格瓦尔德证实了迪特里希的观点。他告诉内阁，失业保险基金的恶化速度比预期的快得多，不久后将再次成为“高度危险”的事项。此外还需要增加工人的缴款数额，但这会让与社会民主党合作的可能性变得更小。（注 5）

投资者也大跌眼镜。《福斯报》描述了选举日[81]后第二天早晨证券交易所的现场：“银行经理、银行家和交易员比往常更早去了伯格大街[82]。令人震惊的是，甚至在正式交易开始之前，所谓的‘头等舱’就已经受到关注。到处都可以看到焦虑不安的小组在进行深入讨论。当然，市场原本预计会出现极端选举

80 紧缩政策通常伴随着政府支出削减和加税行为，从而会导致就业机会减少、失业率上升以及家庭可支配收入减少、消费减少。对于当时的德国社会来说，频繁地实施紧缩政策已经使得普通民众的收入和消费能力受到极大限制。社会民主党中一些人士通过投票给共产党这样支持推翻现有社会体系的党派来表达自己的不满。因此社会民主党如果想要确保选票不流失，就需要向选民妥协，反对政府实施损害选民利益的政策（如紧缩政策）。

81 选举结果是在星期日（1930 年 9 月 14 日）的深夜公布的，因此后文提及的星期一、星期三、星期五的市场表现都是结果公布一周之内的事情。

82 伯格大街是当时的柏林证券交易所所在地。

结果，但最后的结果使所有的计算都陷入混乱。”当交易大厅开放时，柏林证券交易所的一些股票跌幅高达20%。感觉就像是一场清盘拍卖。（注6）

然而出人意料的是，售罄只是暂时的景象。仅仅在当天下午，股价便恢复了，随后持续上涨了两天。在星期三晚上，股价已经恢复到接近一周前的水平了。显然，有一种市场共识认为魏玛共和国仍然具有足够的适应力，能够承受激进反对党的发展。甚至很多外国投资者（尤其是来自美国和瑞士的投资者）也都重返市场，购买了德国股票。（注7）

然而，这次回调并没有持续很久。市场情绪陷入了躁郁[83]中。星期五，德国报纸散布了普鲁士即将发生纳粹政变的谣言，投资者随即陷入了新一轮的悲观情绪。布吕宁总理向美国记者澄清了这一谣言，试图安抚市场。普鲁士政府也公开否认了新闻报道，但都无济于事。纽约和华尔街又见证了投资者对德国股票的戏剧性抛售。根据《纽约时报》的报道，这导致了“8月初以来最剧烈的下跌”。此外，德国央行的外汇储备也大量减少（统计图4）。正全神贯注于解决政治僵局和不断扩大的资金缺口的布吕宁现在不得不处理迫在眉睫的货币危机。德国陷入了日益

83　“躁狂抑郁症”是一种精神病，患者会经历狂躁期和抑郁期。在狂躁期，患者会感到或表现出异常开心、有活力、易怒，常会做出不计后果的决定。在抑郁期，患者会哭泣、与他人缺乏眼神交流、对生命萌生负面看法，也有自杀的可能。在这里很明显，“证券市场”并不确定极端的选举结果对德国是喜是忧，因此会表现出“躁狂抑郁症”的症状。

危险的境地中。（注 8）

单位：十亿马克

统计图 4　德国央行的总准备金

1930 年 9 月 22 日星期一，布吕宁与财政部长迪特里希、国务秘书舍费尔、德国央行主席路德举行了会议。舍费尔解释说，现在德国迫切需要举借外债以防止破产。他认为，德国需要 1 亿至 1.25 亿美元，并且在当前危机环境下，可能需要最长两年的还款期限。与会的几个人对此都表示同意。舍费尔还建议建立债务偿还计划，以确保按期偿还贷款。他们也在这方面达成了广泛共识。最后，他们决定尽快制订新的紧缩计划。为了弥补资金缺口，他们需要在本财年（直到 1931 年 3 月 31 日）减少赤字，并在下一财年寻求预算平衡。（注 9）

这是一项艰巨的任务，布吕宁会成功吗？总理府国务秘书赫尔曼·平德尔对此感到悲观。他认为，即使将恶性通货膨胀时期[84]算在内，德国现在也处于1918年以来最糟糕的时期："我对未来的忧虑比以往任何时候的都要多。自从战争结束以来[85]，今天的局势无法与其他任何时候的相提并论。即使在1923—1924年的通货膨胀时期，情况也要好得多，至少在当时，那些遭受巨额财富损失的人都知道必须做些大刀阔斧的事情，而现在却并非如此。"（注10）

首要任务是找到一家愿意向德国提供贷款的银行。舍费尔再次发挥了他的主动性。他记得，在大选前的夏天，自己曾与波士顿投资银行李·希金森公司的乔治·默南进行了一次对话。当时舍费尔（图10）谢绝了他们所提供的财务资助，但他为日后双方能继续展开对话留下了余地——如果德国的财政状况进一步恶化的话。现在，需要与李·希金森公司进行对话的时刻已经到来，因为没有现实的替代选项：伦敦市仅对此表现出些许的兴趣；与巴黎银行的交易也是不可能的——只需要法国政府稍加干预，给这单交易强加德国不能接受的政治条件即可。（注11）

84　这里指1914—1923年魏玛共和国发生的恶性通货膨胀。

85　这里指1918年第一次世界大战结束后。

图 10　汉斯·舍费尔，德国财政部国务秘书

但是，鉴于德国政治现在具有高度的不确定性，波士顿的李·希金森公司还会愿意提供贷款给德国吗？默南至少同意参加谈判。他这样做有几个原因：首先，他们银行已经向德国提供了大笔贷款，并且不愿冒险提前违约。其次，该银行虽然在波士顿本地的金融机构中因历史悠久而受人尊敬并居于主导地位，但仍然是华尔街的局外人。默南和他的合伙人渴望自己能与金融外交领域的头号人物约翰·皮尔庞特·摩根[86]相提并论。

86　约翰·皮尔庞特·摩根（John Pierpont Morgan，1837 年 4 月 17 日—1913 年 3 月 31 日），美国金融家及银行家。其曾通过控制多家金融机构，对钢铁等产业进行并购整合，开创了金融资本控制产业资本的格局。20 世纪初，摩根及其伙伴已在美国投资了很多大型企业，影响力遍布美国的金融高层及国会。摩根联合其他银行家平息了 1907 年的金融恐慌。他是美国“进步时代”显赫的金融家，对效率及现代化的追求和贡献，令美国的商业从此改头换面。

而德国是欧洲最重要的经济体，是一个看起来能让投资者获利颇丰的市场。最后，李·希金森公司曾在 1929 年帮助瑞典“火柴大王”伊瓦·克鲁格获得德国火柴制造市场的垄断地位，并因此得到了为德国提供 1.25 亿美元贷款的机会。这些美国银行家非常了解德国财政系统的官员，并且信任他们。（注 12）

与此同时，德国国内资本外逃的势头依然没有减弱。布吕宁暴怒了，他为自己没有控制媒体的权力而感到遗憾：“大选后第一天对选举结果的冷静分析最近让位于紧张气氛。我们对债券价格急剧下跌的情况表示尤为担忧。我们感到不安的是，政府无法取缔不负责任的媒体。他们为了制造轰动不惜火上浇油，用报告加剧人们对所谓的将有人企图发动政变的焦虑。”到 9 月 24 日星期三，德国央行的黄金和外汇储备比选举日时低了 10%。投资者对德国货币的信心急剧下降。（注 13）

第二天，投资者因另一条负面消息感到不安——为了替三名因在国防军内进行纳粹宣传而被指控叛国罪的军官辩护，阿道夫·希特勒在莱比锡最高法院的证词中说，一旦纳粹党掌权，“将会有人人头落地”。这一消息在全国范围内引起了震惊。内阁甚至打断会议，要求莱比锡方面确认希特勒是否使用了这些词语。柏林证券交易所的股价暴跌。当天晚些时候，华尔街也做出了负面回应。（注 14）

与李·希金森公司的谈判开始于 1930 年 9 月 26 日星期五（选举后近两周），德国方面处于非常弱势的地位。美国银行家明确表示，他们希望获得高利率，作为向这个处于危机中的国家提供信贷的交换条件。他们同时拒绝了在两年后还款的条件，坚持采用分三期、每期六个月的还款方案，并要求以德国国债作为抵押。为了进一步提高德国在偿还债务方面的可信度，他们还要求德国政府就其财政政策做出一些承诺。（注 15）

9 月 28 日星期日，舍费尔做出了令美国银行家满意的回应。随后，又一件完全出乎意料的事情发生了：法国银行也表现出对提供贷款的兴趣。因此这份倡议的前景明显好转。该倡议是李·希金森公司在巴黎的子公司发起的，这是他们扩大对柏林政治支持战略的一部分。它甚至得到了法国政府的支持，因为法国政府担心，如果这起危机失控，布吕宁将争取暂停执行杨格计划。塔迪厄和白里安还试图缓和媒体，并鼓励法国银行停止从德国撤出资金。看起来，法国确实有提供帮助的意愿。（注 16）

现在，与李·希金森公司的谈判进入了下一阶段。美国银行家再一次明确了谁在主导这场谈判：除重复之前 6% 的高利率要求外，他们还要求《债务偿还法案》必须得到德国国会多数人的批准，而不是根据“第四十八条”的规定。德国人别无选择。10 月 4 日星期六上午，舍费尔恳求尽快达成协议。他警告布吕宁和其他部长：“如果资本外流以同样的速度持续下去，德国银行将被迫收回它们之前发放出的贷款。这意味着许多中小企业将迎来关门的结局。”情况变得非常危急。几天前，财政部官员曾暗示，德国的债权人可能不会对 10 月 6—10 日到期

的国债进行展期[87]。财政部长迪特里希已经被这些事情搞得心态崩溃，快要失去理智了。（注 17）

布吕宁同意舍费尔的提议，对美国银行家的新要求做出让步，并打算立即签署贷款协议。但是，法方突然要求在“德国国会支持《债务偿还法案》”之外另行提供其他担保。这是布吕宁不可接受的。为了挽救这笔交易，德国准备派遣一个高级官员代表团前往巴黎。在一份秘密备忘录中，他们列出了德国谈判人员应该透露的内容以及需要隐藏的内容。其中最重要的一点是，紧缩方案与外债之间不应存在任何联系。备忘录上写道：“诸如‘紧缩方案是在外国压力下推出的’之类的观点不可接受。无论在什么情况下，任何严厉的措施——如降低公务员工资、削减邦和市自治权以及限制对失业保险基金进行补贴——都不会在国会被通过。”显然，布吕宁及其亲信已经从选举中汲取了教训：永远不要给反对派指责政府屈服于外国人要求的机会，这会加深国内的危机。（注 18）

然而，事情发生了出人意料的转变，这笔交易的前景突然好转。第二天，法国政府改变了立场，并在没有附加任何条件的情况下批准了对德国的贷款。它甚至建议另外两家法国银行一同加入。德国代表团的巴黎之行被取消。舍费尔得到了可靠

87　“展期”指贷款（文中是国债）到期不能归还，经批准办理延长归还时间的手续。德国国债不能展期，意味着财政部必须在 10 月 6—10 日偿还这些到期的国债，这给资金不足的德国政府造成很大的资金压力。

信息："只有法国的政界人士仍在担心这笔钱可能会让希特勒受益。"消息人士告诉他，包括法兰西银行在内的法国金融界都全力支持这项与德国的交易。（注 19）

同时，内阁日夜不停地讨论了紧缩措施。9 月 29 日星期一晚上，内阁批准了一项计划，目的是减少本财年的赤字，并在 1931 年 4 月至 1932 年 3 月的财年中实现预算平衡。计划包括将一般公务员的薪水降低 6%，将兴登堡、布吕宁和各部长国会议员的薪水降低 20%。它预见到了一系列的削减支出措施，增加烟草税以及延长在 7 月的第一个紧缩计划中引入的、有争议的 5% 紧急税。总体而言，降低工资和削减开支两项举措共节省了 10 亿马克，这相当于十分之一以上的德国预算。此外，工人需要缴纳的失业保险基金份额立即从 4.5% 提高到 6.5%，同时德国政府也需要向该基金注资 2 亿马克。为了减轻紧缩方案带来的收缩效应，国会将会在接下来的几年中为公寓建设和运河建设投资数亿马克。（注 20）

下一步，内阁需要让公众为这些残酷的措施做好准备。布吕宁鼓励所有部长在正式宣布消息之前先"软化"记者，减少他们对此事的阻碍。10 月 1 日，迪特里希和斯特格瓦尔德向媒体公布了该计划。正如德国银行家雅各布·戈尔德施密特在纽约报道的那样，这一公告给一些美国投资者留下了良好的印象。但是德国国内人们的反应很强烈。甚至布吕宁的盟友《福斯报》也很难说明"政府究竟在多大程度上考虑了国会对这一计划的接受性”。根据该报报道，内阁为自己制定了一个方案，尽管他们在国会中只占少数。“这看起来就像三个人演奏了一曲四重奏。”平德尔察觉到了政界中的抵制声音，因此有理由坚持他的悲观主义。他在日记中再次写道，他对未来“充满了焦虑，这是自 1918 年以来从未发生过的”。（注 21）

为了了解自己应如何为紧缩方案和《债务偿还法案》争取议会多数支持，布吕宁会见了各党党首。他有一种日渐强烈的感觉——尽管社会民主党在紧缩措施上仍存在分歧，但最终还是会认可自己的。因此，当 1930 年 10 月 6 日星期日他在朋友戈特弗里德·特雷维拉努斯的公寓里与希特勒、威廉·弗里克和格雷戈尔·斯特拉瑟[88]会面时，他表明自己不需要与纳粹分子的合作。这让他在对话中占据了有利位置。（注 22）

戈培尔认为希特勒与布吕宁的会晤取得了巨大成功。他在日记中写道：“（我）在家里等电话。深夜，老板（希特勒）和弗里克从布吕宁那里回来了。这是一场漫长而有原则的辩论，特雷维拉努斯也在那里。我们保持了我们的反对观点，感谢上帝。但是这一届国会不会存在很久。希特勒似乎给布吕宁留下了深刻的印象。他很高兴，现在一切都进展顺利。”（注 23）

布吕宁则在他的回忆录中描绘了完全不同的图画。他写道，他曾试图用自己通过放弃赔偿义务并在接下来的两年里解决裁军问题的方式推翻《凡尔赛和约》的计划让希特勒产生兴趣。

88　这三人都是纳粹党的成员。

布吕宁还向希特勒解释说，短期内德国需要增加一笔外债，以防止灾难性的金融危机的发生。然而，希特勒的回应与布吕宁说的没有任何关联。希特勒发表了长达 1 个小时的、声音响亮的演讲，他的声音越来越大，同时，唱着歌的冲锋队[89]每 15 分钟就会从公寓外的大街上经过。希特勒并没有给布吕宁留下什么印象：他根本没有讨论任何关于未来政策的基本问题，即根本没有谈及他显然不理解的金融计划。他越来越多地使用"消灭"一词，首先是针对社会民主党，然后是针对保守势力，最后是针对作为世敌的法国，以及作为布尔什维克据点的俄国。

布吕宁的问题是，纳粹党选举胜利后要如何获得李·希金森公司的贷款，这个问题已经造成了超过 5 亿马克的流失，而双方还没有将讨论重新聚焦于此。希特勒则滔滔不绝地又说了 1 个小时，继续谈论着他的地缘政治计划。布吕宁总理的幻想破灭了，他断定希特勒将始终遵循"先掌权，后政策"的原则，随后结束了对话。特雷维拉努斯也有相同的印象："当他们告别时，希特勒承诺他的媒体将不会对我们——本次会议的主持人——进行任何人身攻击。我们没有感谢他。在与希特勒进行

89 冲锋队是希特勒于 1921 年创立的武装组织。成员穿褐色卡其布军装，因此冲锋队也被称为"褐衫队"。他们右袖戴"卐"字袖标。该组织于创立初期负责维护党内纪律秩序，后来曾一度被希特勒本人通过在啤酒馆发起暴动而下令短暂撤销过；因为希特勒忌惮其势力过大可能会扰乱党内稳定。1933 年希特勒上台时，冲锋队成员数量已经超过德国国防军成员数量，达到几十万人。该组织于 1934 年长刀之夜被肃清后失势，被希特勒冷落，成为普通民事组织。

的第一场会议上，我并不觉得他有哪里令人着迷。相反，我发现他的面部特征和嗓音令人讨厌。”（注 24）

我们很难知道布吕宁是否记录了真相，一般认为，他的回忆录并不可靠。但是毫无疑问，当时的他与希特勒没有共同立场，也没有对希特勒的政党表示同情。（注 25）在两天后的 10 月 8 日，布吕宁向兴登堡总统解释说，纳粹分子做出了完全不负责任的行动——他们提出了一项建议，要求立即宣布暂停支付赔偿并对赔偿协议进行修正。“纳粹分子的议程完全不同，众所周知，他们的建议会带来灾难性的后果，与他们合作暂且不可行。”布吕宁说得对。任何将赔偿问题放到危机中心的尝试都会导致德国货币和金融体系崩溃。布吕宁也向总统暗示，社会民主党可能会在国会大厦中支持自己。兴登堡表示，尽管不喜欢左派，但他同意总理的策略。最终，布吕宁获得外债和结束这场危机所需要的议会多数支持似乎近在咫尺。（注 26）

然而不幸的是，1930 年 10 月 8 日，布吕宁与兴登堡进行会晤的同一天，法国人再次改变了主意。来自李・希金森公司伦敦代表处的托马斯・麦基特里克报告说，未经法国政府批准，法国银行无法参与贷款。法国当局没能忍住诱惑，再一次利用德国对外国资金的依赖来强加政治条件。现在，情况变得很危急。10 月 9 日星期三，法国上演“180 度后空翻”[90] 的第二天，德国央行将官方利率从 4% 提高到 5%，以阻止资本外逃。自 9 月

90 这里指法国一而再、再而三地在对德提供贷款的事上变卦。

中旬选举以来的3周内，德国的黄金和外汇储备已经从294万马克减少至235万马克，损失了约20%。备付金比率（黄金和外汇储备相对于流通纸币的份额）已从69%降至57%，并迅速接近金本位所要求的最低40%的限额。10月9日，政府还发布了新的失业数据，显示超过300万人失业。虽然失业人数增长的速度没有想象的那么快，但是失业人数持续上升，到年底时已经有总劳动人口的15%以上。采矿、金属、木材和部分纺织部门的情况尤其严峻。对生活在德国各主要城市的人来说，在流动厨房[91]前排长队已成为日常生活的一部分。（注27）

金融家亚尔马·沙赫特（他也是魏玛共和国具有争议的人物之一）组织的一系列活动让布吕宁的境遇更加复杂。沙赫特出生于一个中产家庭。他的父亲是一名推销员，先是生活在美国，之后到德国北部工作。他的母亲来自丹麦，在结婚时并没有带来太多嫁妆。一段时间后，他的父亲设法挣到了符合中产阶级水平的收入，从而能够资助他的儿子完成大学学业。沙赫特于1899年在柏林大学获得经济学学位，随后加入了德累斯顿银行，在第一次世界大战期间成为德国央行的董事。1923年，他被任命为德国货币委员会委员，在结束恶性通货膨胀和组织货币改革方面发挥了关键作用。一夜之间，他成了一颗新星，在德国和其他地方神话般地赢得了极高的声誉。作为发挥出色的奖赏，他在1924年被任命为德国央行行长，成为柏林乃至国

91　流动厨房是免费（或以低于市价的价格）为饥饿者提供食物的地方。

际舞台上(尤其是在英国和美国)很有影响力的政策制定者之一。沙赫特的全名叫“亚尔马·霍勒斯·格里利·沙赫特”(Hjalmar Horace Greeley Schacht),他的名字给了他一种“世界主义者”的光环，尽管他是一名地地道道的德国人——“亚尔马”是他的丹麦祖母给他的名字，“霍勒斯·格里利”是一名著名的美国共和党籍的废奴主义者的名字，沙赫特信奉自由主义的父亲在美国工作期间一直很敬佩他。(注 28)

另外，这位戴着夹鼻眼镜、目光严厉的人因其傲慢自大和任性倔强的政治倾向而臭名昭著。第一次世界大战结束后，他是左翼自由派阵营的德国民主党的共同创始人，但在 1926 年放弃了该党，政治倾向逐渐变为极右。1933 年 1 月，希特勒再次任命他为德国央行行长。沙赫特是 1929 年参与了杨格计划谈判的专家委员会的成员，随后于 1930 年初辞去德国央行行长一职，理由是德国政府没有足够努力地反对杨格计划的最终版本。但是事实证明，他也没有能力提出一个更现实的备选方案。

沙赫特随后去了美国，因为他收到了国际教育学会“富有经济吸引力”的邀请——在 10 月和 11 月间举行不少于 28 场演讲，每场演讲的报酬为 250 美元[92]。但是，真正让他这样一名爱国志士感到兴奋的原因是，他终于有机会影响美国的公众舆论

92 按照译者查询到的公开数据，根据消费者价格指数和购买力计算，1930 年的 250 美元约相当于现在的 3581.75 美元，约合人民币 25072.25 元(汇率：1 美元≈ 7 元人民币)。

了，可使之更加偏向德国。当然，也有些朋友警告过他说得太过直率了。例如，欧文·杨格在1930年8月中旬写给沙赫特的信中说：“在美国，一位普通公民[93]可以说很多东西……但是这些东西是你不能也不应该说的。”德国政府知道沙赫特的这次旅行，试图改变他的立场。1930年10月1日，当沙赫特仍在穿越大西洋时，布吕宁给他发了一份电报，通知他与李·希金森公司进行谈判。在沙赫特到达纽约后不久，德国总领事在瑞吉酒店的屋顶花园里招待他吃晚饭，以便有机会与他交谈。但这都无济于事。沙赫特坚持他自己的剧本。（注29）

沙赫特、他的妻子以及20岁的儿子詹斯乘坐汉堡美国邮轮公司的“果断号”远洋客轮前往美国，他的儿子将要为芝加哥第一国民银行工作1年。在快要抵达纽约时，沙赫特接受了美国媒体的采访。这位德国央行前行长给出的信息清晰而令人不安。“你绝对不能对政治局势施加太大压力，而应该更加重视经济形势。如果德国人民将要挨饿，那么只会有更多的希特勒出现。你万万不可认为，如果你像对待德国人民那样对待一个民族10年，他们还会继续微笑。你想，如何在一座监狱里度过10年？告诉你的人民。每个人都在哭号着要求德国人必须‘通情达理’。我告诉你，必须变得通情达理的是这个世界，我们

93　“普通公民”（英语：private citizen）是指在特定情况下没有担任官方或专业职务的人。同一个人可以在一个角色中是官员，而在另一角色中是普通公民。例如，立法者在立法机关中是官员，而在纳税时则是普通公民。

已经很通情达理了。”（注 30）

最令人担忧的是，沙赫特还表示，他相信杨格计划迟早会被修订。然而他在德国政府与一家美国银行进行谈判的过程中发表这样的声明可能会适得其反。第二天，沙赫特变得更加直言不讳。他在阿斯特饭店告诉听众，德国没有支付赔偿的能力，德国有正当理由立即要求暂停杨格计划下的所有支付活动，以及布吕宁总理有责任给予协约国“最后一次与德国和解的机会”，以使德国能够履行自己的义务。布吕宁立即做出回应，公开否认德国将寻求赔偿减免，但是效果不大。美国公众只能听到沙赫特而非德国总理的讲话，更何况这位德国总理在美国鲜为人知。（注 31）

还有另一起事件可能破坏了布吕宁解决金融危机的计划。1930 年 10 月 5 日星期日，由退伍士兵组成的右翼准军事组织“钢盔”在刚“解放”不久的莱茵河畔的科布伦茨聚集。就像李·希金森公司的两名从巴黎来到柏林的银行家告诉德国政府的那样，这场参与人数众多的集会使法国公众陷入恐慌之中。他们认为，这很可能引发法国资金进一步从德国撤出。10 月 10—11 日，兴登堡第二次前往莱茵兰进行庆祝性访问，当时在亚琛和特里尔[94]都有大批的群众聚集在一起，只为见到德国的总统。这加剧了法国人的恐惧。（注 32）

94　这两座城市都位于德法边境，第一次世界大战结束后分别被比利时和法国军队占据到 1929 年与 1930 年。在占领期间，两地都存在建立“莱茵兰共和国”的分离主义运动。兴登堡总统在当地引发的热烈反响说明，法国期待在当地推进的分离主义运动已经无疾而终。

正是考虑到这一点，法国方面最终退出了为德国提供外债的谈判。当然，法国政府并没有公开地退出贷款小组，而是向驻巴黎的德国使馆专员发出信号，指出仍有许多问题有待解决，德方随即明白，这场游戏已经结束。原因很简单明了：法国银行、法兰西银行和法国政府愿意提供贷款，但不能忽视法国舆论因德国国会的选举结果、“钢盔”组织的集会、兴登堡的访问以及其他德国沙文主义[95]重燃的迹象而不安的事实。几天后，一位曾与法国央行行长莫罗交谈过的德国银行家告诉舍费尔，法国银行担心，如果参与了贷款项目，示威者会有诸如砸银行的窗户等暴力行为。莫罗还坚信法国的塔迪厄内阁将会倒台。他告诉这位德国银行家：“你无法想象法国的气氛已经变得多么紧张。”（注33）

法国从贷款项目中撤退是一个令人震惊的信号。但是具有讽刺意味的是，法德关系的恶化帮助柏林与李·希金森公司达成了交易。1930年10月11日星期六晚上11点，即仅在法国说“不”的一天之后，合同就签订了。除了李·希金森公司之外，还有22位美国人、1位加拿大人、3位瑞典人、23位德国人，以及一个总部位于阿姆斯特丹的德国银行财团参加了仪式。

95 沙文主义（英语：Chauvinism）因法国士兵尼古拉·沙文（Nicolas Chauvin）而得名。他因获得军功章而狂热拥护拿破仑一世的侵略扩张政策，主张用暴力建立法兰西帝国。他鼓吹法兰西民族是世界上最优秀的民族，宣扬本民族利益高于一切，煽动民族仇恨，主张征服和奴役其他民族。这些思想也是沙文主义的核心。

这笔贷款总额为 1.25 亿美元，以德国政府的短期政府债券作为抵押，并以金元计价，目的是防止未来德国可能出现的通货膨胀或马克贬值。这笔贷款必须分三期赎回，最后一期于 1932 年 11 月到期，有效利率约为 6%。终于，布吕宁在黑暗隧道的尽头看到了光明。（注 34）

但是，国会会支持这一贷款项目吗？最初国会没有释放出积极的信号。不安的德国人民党甚至反对出自本党的外交部长柯歇斯，并要求暂停执行杨格计划。在激烈的辩论之后，10 月 11 日星期六，农业部长马丁・希勒宣布辞去全国农村联盟名誉主席一职，该联盟是最重要的农民利益集团。10 月 13 日星期一，德意志中产阶级帝国党[96]决定从内阁撤回其部长——司法部长约翰・维克托・布雷特。在兴登堡总统的公开支持下，虽然布雷特没有屈服，但这一事件进一步削弱了总理的地位。最后，胡根堡的国家人民党表示他们将投票反对布吕宁内阁。（注 35）

然而，德国社会中出现了些许有力支持政府的趋势。胡根堡的反对没有达到理想的效果。相反，胡根堡的行为还激怒了兴登堡总统，让他确信必须与社会民主党人进行接触。这也给社会民主党施加了更大的压力——如果魏玛共和国要在这场危机中生存下来，他们就必须支持布吕宁。社会民主党的领导人

96 德意志中产阶级帝国党（英语：Reich Party of the German Middle Class。德语：Reichspartei des deutschen Mittelstandes）是魏玛共和国时期的一个保守主义政党。该党在 1930 年的全德大选中表现最佳，赢得 23 个席位。但仅两年后，该党的议会席位就仅剩 2 席，这时它已失去了来自纳粹党的大部分支持。

是普鲁士自由邦的邦总理奥托·布劳恩，他领导着这个迄今为止德国最大的行政区，这里仅人口就占到德国总人口的60%。布劳恩一直领导着由社会民主党、左翼自由派的德国民主党和布吕宁的天主教中央党组成的联盟。他温和、魅力超凡、做事果断。在召开国会的前一天，兴登堡邀请布劳恩进行对话。布劳恩解释说，他尽管没有得到本党的多数支持，但将全力支持改革方案。法国外交部长白里安也认可布劳恩，并直接建议社会民主党支持布吕宁。最重要的是，由德国各邦参议院组成的国会也通过了《债务偿还法案》——为了获得外债，他们必须拥有这部法案。只有右翼联盟（包括纳粹在内）执政的图林根州选择弃权。（注36）

虽然如此，对布吕宁结束危机的计划来说，国会第一次会议的开幕却是个坏兆头。尽管会上没有表决事项，但从一开始，现场气氛就一直在恶化[97]。共产党员和纳粹党员都穿着他们的制服，尽管这违反管理条例。在讨论选举新一届国会主席时，两个激进政党之间的对立情绪已经显而易见，他们几乎快要开始进行“身体对抗”了。《福斯报》对当时的现场进行了报道：“语言之战变得更加活跃。越来越多的褐色衬衫[98]拥向大厅的中央，

97 根据本书的多处描述，投票表决是国会会议中最容易出现骚动的一个环节。在没有投票时出现这样混乱场景的次数屈指可数。

98 作者在原文中并没有提及国会内的这些人是冲锋队成员，但考虑到纳粹党此时期的制服颜色为褐色，按照前文的描述，这些“褐色衬衫”应是穿着党派制服的议员。

共产党人则在向他们‘进军’，对立的双方几乎没有被分开过，彼此恶言相向——看起来一场冲突迫在眉睫。”（注 37）

国会大厦之外发生的事情更加令人震惊。《福斯报》将其称为“格格不入的场景”。在国会大厦外聚集了许多人，其中有相当一部分是纳粹的准军事组织“冲锋队”，他们开始在附近的购物区制造骚乱。“受过特意指示的小分队打破了特定商店的橱窗，他们的破坏行动不是随机进行的，而显然是出于恐怖目的。”希特勒迅速向公众澄清并没有纳粹分子参与这些暴力行为。然而第二天，警察报告说在被捕的 108 名士兵中，有 45 名是纳粹党成员，还有 55 名是纳粹党的支持者。（注 38）

尽管发生了动荡，布吕宁与社会民主党的非正式联盟在这第一场考验中幸存了下来。在会议第二天，社会民主党人保罗·勒贝以 60 票的明显优势再次当选议会主席。同时，奥托·布劳恩设法在纳粹和共产党人极具挑衅性的反对中保住了自己在普鲁士邦议会中的多数席位。在进行投票表决的前一天，由于激进政党在议会中制造骚乱，布劳恩甚至无法完成演讲。（注 39）

1930 年 10 月 18 日星期六，本次国会重要的会议终于开始了。经过 11 个小时的辩论，《债务偿还法案》在一片骚乱中经记名投票表决通过了。纳粹分子们不断合唱：“社会民主党人出卖了我们。”当他们唱完时，又轮到共产党人大喊：“与社会民主党人一起倒下！”然后纳粹分子高唱冲锋队歌曲《德国，醒了！》，此时共产党人在空中挥拳，演奏《国际歌》[99]。然而尖叫和唱歌并不能改变投票结果。多亏社会民主党的支持，布吕宁赢得了这场令人印象深刻的胜利：325票赞成，237票反对。外债终于有担保了。国会也以几乎相同的比例否决了不信任投票，埋葬了旨在对杨格计划突然进行修订的议案，并决定休会至12月初，以让布吕宁拥有充足的时间通过引用“第四十八条”制订紧缩计划。这一次，布吕宁总理全面胜出。（注40）

“一次完全的成功。”国务秘书平德尔在日记中如释重负地写道。现在事实可以证明，他的悲观看法是错误的。短短一个月内，布吕宁就结束了货币危机，恢复了人们对德国财政的信心，正如《福斯报》满意地观察到的那样，他证明了“内阁和德国国会已经重新获得了采取行动的能力”。选举的惨败帮助布吕宁与社会民主党建立了一个非正式的大联盟，该联盟承诺将成为对抗魏玛共和国的死敌的有效组合。但是，布吕宁的胜利也标志着德国从议会民主向专制政府又迈出了一步。国会休会意味着行政部门变得更有影响力。在10月的这次会议之后，没有内阁的意思，德国国会将再也不会召开会议。（注41）

99 《国际歌》（法语：*L'Internationale*）是国际共产主义运动中最著名的歌曲。原法语歌词由巴黎公社委员欧仁·鲍狄埃在1871年所作，创作之初用《马赛曲》的曲调演唱，后来法国工人党党员皮埃尔·狄盖特于1888年为其谱曲。歌曲颂赞了巴黎公社成员们的共产主义理想和革命气概，后来被翻译成世界上的许多种语言，传遍全球。

6 “俾斯麦之后第一位真正的总理”

投资者对布吕宁的胜利做出了积极的回应。《泰晤士报》从柏林发回报道：“德国政府星期六在国会中取得的成功立即为证券交易所注入了新的活力。”两周内，杨格计划债券的价格上涨了5%，随着资本回流德国，德国央行的黄金和外汇储备回到了令人满意的水平。德国马克的稳定性得到了暂时的保证。（注1）

但是，这并不意味着常态得以恢复。只是眼前的惊恐消失了，而关于政治动荡会再一次打击市场信心的恐慌一直存在。因此，德国央行继续将官方利率保持在5%的高水平，此时英格兰银行、法兰西银行和纽约联邦储备局的利率在2%～3%。更重要的是，布吕宁总理因继续执行他的紧缩政策而饱受谴责。为了满足杨格计划的条件，德国需要在经济衰退和价格回落的环境下实现财政盈余和贸易盈余。财政盈余将被用来支付赔偿，而贸易盈余为德国挣得了偿还债权国债务所需的外汇储备。

德国政府如果能够获得另一笔外债，那就能减少这些限制。但是鉴于德国不稳定的政治局势，我们没有理由相信李·希金森公司或其他任何一家银行会愿意为德国政府提供新的贷款。一个可能让德国从紧张的财政状况中得以放松的选择是宣布暂停支付赔偿。杨格计划中明确允许这种做法。但是，德国即使通过援引国际清算银行特别咨询委员会以合法正确的方式宣布暂停偿付，也会导致一场金融危机。投资者会押注德国违约。布吕宁清楚地看到，激活该条款只会带来适得其反的结果。他在一次内阁会议上解释说："向特别咨询委员会发起请求只是一种破坏我们信誉的最严重的方式。"（注2）

如果布吕宁继续通过颁布一项又一项的紧缩方案来满足杨格计划的要求，那么危机只会变得更加严重，反对派也将变得更加强大。希特勒一直在无情地攻击着魏玛共和国的基石，不仅通过纳粹党自己的媒体，自从他选举获得大胜以来，还通过外国媒体进行攻击。9月底，他受邀为《星期日快报》（英国受欢迎的报纸之一，为"舰队街男爵"比弗布鲁克勋爵所有）撰写专栏。在文章的第一段中，希特勒努力地把自己包装成一位有远见的、有义务保护自由世界的德国政治家：

> 不要让世界自欺欺人。摆在我们眼前的只有两种选择：德国要么重新成为一个自由国家；要么对其他任何关于未来的选项失去信心，被送入布尔什维克主义的怀抱。
>
> 这不是空话、恐吓或预言，而只是关于事实和当今德国大众情绪的陈述。我比柏林其他的政界元老或政治家都更

加了解这种情绪。

在自由、生存权和布尔什维克主义之间的这个选择，与其说取决于德国人民，不如说取决于那些为德国未来几代人创造了无法承受的负担的人。

如果故意让人民陷入贫困，那么他们一定会转变为政治无产阶级。今天发生在德国的就是这种情况。

9月14日的德国大选是一个警告。它扯下了面纱，展现出了德国灵魂的一部分。

随后他批评了《凡尔赛和约》和杨格计划，并提出纳粹党才是捍卫德国人民合法利益的唯一可靠党派的观点：

德国人民富有耐心、工作勤勉、吃苦耐劳、热爱秩序。昔日，他们从政治家那里收到了一个又一个承诺。但是德国的处境一年一年每况愈下，人们的负担越来越重，他们陷入到日益深重的苦难中，只拥有越发黑暗的未来。我们的人民对承诺和做出承诺的人失去了信心。他们对旧的政治领导人和政党的信心已经消失。如果德国人民对自己选择的未来完全失去信心，那么事态将不可避免地向最严重的方向发展。

国家社会主义党[100]诞生于德意志民族的苦难。我们的目标，我们的意图，是让德国摆脱意味着奴役的政治和经济条件以及难以忍受的不公正负担——没有任何民族、任何人民能够一代又一代带着的负担……我和国家社会主义党都不会对德国构成危险。真正的危险在于那些德国政治家、那些政党以及那些在国内外误导人们认为“德国大众感觉良好”的报纸。

他的评论以另一则对债权国的警告以及一份几乎不加掩饰地对他所在的政党进行支持的邀请结尾：

欧洲正在经历其历史上严重的危机之一。《凡尔赛和约》和杨格计划是未来几年我们所围绕的轴心。你们不能一边破坏德国，让德国布尔什维克化，一边认为欧洲其他地区将不受影响。那是盲目的想法。德国人民并没有无动于衷地顺从于这一悲惨命运，这一被他们的敌人有意无意地强加的悲惨命运——感谢上帝，他们没有顺从。他们有果断的精神和意志。只有团结在一起并接受正确的领导，他们才能在这个世界上幸存下来，并造福于世界。我对德国人民的信心是无限的。他们的自由是我的目标，也是我的使命。（注3）

100　国家社会主义党即纳粹党，这里为与希特勒的原文风格保持一致，故保留原用法。下同。

不仅是纳粹分子，社会民主工人联合会也公开主张修订杨格计划。1930 年 10 月，联邦发表了一份立场坚定的声明：“德国必须向债权国支付数十亿美元的赔偿，我们可以肯定，这不仅仅是造成德国失业水平居高不下的原因之一，也是导致全球经济频频出现紊乱的原因之一。因此，我们应该消除这些阻碍全球经济健康发展的障碍，这不仅是出于经济因素，也是出于政治家的治国本职。”（注 4）

布吕宁陷入了困境，他被包围了。他将唯一的希望寄托于债权国能够意识到德国的局势已变得多么严峻，并商定一项新的协议。但是这样的希望现实吗？

在法国，当德国的选举结果出炉后，确实有左派人士发出要求加强与德国合作的声音。但是他们终究只是少数派。法国舆论普遍认为，德国不需要任何帮助，只需要重新整理财务。法国之所以采取这种毫不妥协的态度，是因为当时的法国人还没有感受到经济大萧条的影响，而且他们也没有真正了解德国正在经历的事情。此外，许多法国人担心德国的复仇主义者正在为另一场战争做准备。帮助他们只会增强德国保守派的力量。（注 5）

顺应国内舆情，法国的亲政府报纸《时报》发出了横跨莱茵河的明确警告：希特勒在选举中获胜需要“审慎、警惕和坚定”，“德国不能犯任何错误，欧洲也一样”。法国右翼媒体的批评则更为激烈，《费加罗报》称，德国大选结果表明法国的绥靖政策完全失败了：“德国大选只有一个意图，那就是复仇；

如果需要换个词，就是战争。”它辩称：“一个伟大的国家在失去了其长期持有的军事霸权后，没有使用其全部力量来夺回这一统治权，这在历史上还没有先例。德国现在的反应与法国在1815年后的反应[101]并无区别。”（注6）

因此，无论法国政府是否想帮助布吕宁，他们都没有回旋的余地。白里安和塔迪厄唯一能做的就是向德国提供长期贷款，以换取政治让步。1930年9月19日——选举第四天——法国在日内瓦国际联盟理事会提出了第一个倡议。白里安在与德国外交部长柯歇斯的对话中重申了本国立场：法国政府不同意在海牙会议和莱茵兰撤军后如此短的时间内对杨格计划进行修订，但邀请德国人开始就法国长期贷款问题进行讨论。可以预见，德国人对此并不感兴趣。一些德国报纸甚至对“贷款威胁”提出警告，怀疑法国为避免修改杨格计划而试图“束缚德国的双手”。甚至连汉斯·舍费尔这样的国际主义者也对白里安的贷款倡议表示怀疑。“现在还不是时机。”他在日记中写道。（注7）

白里安的倡议失败后，由于塔迪厄内阁倒台，法德谈判完全

101　1815年，拿破仑·波拿巴在滑铁卢战败后，法国与反法联盟成员国签署了《巴黎条约》，其中规定法国需要放弃自大革命后取得的领土，接受英国、普鲁士、奥地利、俄罗斯等国在法国北部和东部边境驻军，赔偿7亿法郎。在经历了30多年的混乱与危机后，拿破仑的侄子路易·波拿巴恢复帝国。他对内颁布了各种限制、禁令和审查措施，对外则大施拳脚，在克里米亚中部地区与英国和奥斯曼帝国联军打败俄罗斯，共同支持意大利统一运动。译者认为，《费加罗报》是在用当时的法国来比喻现在的德国，进而暗示“德国日后也会有很多对外的军事行动”。

停止了。塔迪厄倒台的直接原因是所谓的“乌斯特里克政策”，它以法国企业家兼银行家阿尔贝·乌斯特里克的名字命名。他专门从事公司重组业务，并代表他的客户（其中包括许多小额存款人）在许多不同的行业中进行投资。1930 年 10 月，由于他持股的一些公司倒闭，他的企业集团被高杠杆所连累，步履蹒跚。许多小储户的财富毁于一旦，他们觉得自己被骗了。虽然塔迪厄本人并未做出任何不法行为，但他的司法部长拉乌尔·佩雷阻碍了对乌斯特里克的起诉。11 月 21 日，众议院任命了一个调查委员会，以调查这起案件中存在的政商联系。12 月 4 日，塔迪厄在参议院表决失败后宣布辞职。显然，不仅反对派，连一些最初支持他的人都受够了他生硬粗暴、专制主义的行事风格。（注 8）

塔迪厄的垮台导致了权力真空——在长达数周的时间里，无人能够建立起一个稳定的政府。法国总统加斯东·杜梅格首先呼吁具有中间派思想的无党籍人士路易·巴尔都设法为新内阁赢得多数席位，但是巴尔都失败了。随后，杜梅格在塔迪厄内阁中询问了无党籍的前劳工部长皮埃尔·赖伐尔。同样，他也无法拉拢到多数席位。后来在 12 月中旬，泰奥多尔·施特格被任命为总理，但几周后他的政府就垮台了。最终，在 1931 年 1 月下旬，赖伐尔再次尝试并设法组建了一个虽然只是或多或少地对旧内阁进行了重新调整，但相对稳定的内阁。塔迪厄被任命为农业部长，白里安和马其诺分别担任外交部长和战争部长。现在，法国人再次打开了与德国谈判的大门，但他们浪费了 3

个月的宝贵时间。

英国媒体比法国媒体更了解德国的情况。然而，绝大多数评论家也认为无须进行债务减免，他们期望德国能够自己克服危机。《泰晤士报》认为："现在进行过于恶毒的解读将会是一个错误，我们所评判的也许只是德国政治中一个很短暂的阶段。新的国会中，让民主政府保持秩序和稳定的因素仍然占主导，这一事实没有改变。"《经济学人》虽然清楚地指出了赔偿、经济危机和政治激进化的恶性循环，但是认为没有理由需要感到恐慌。其社论指出"这种情况下的一些特点可能会减轻我们的焦虑感"。普鲁士自由邦占据了德国领土的三分之二，该自由邦的领导权掌握在社会民主党人的手中，这有可能会让极端分子感到清醒。此外，冯·兴登堡总统的个性和威望也被形容为"德国政治基础中的一块坚固的基石"。只有一个突出的声音违背了共识——《每日邮报》的所有者罗瑟米尔勋爵对纳粹的胜利表示欢迎，他将纳粹视为反对布尔什维克主义的堡垒。但这对布吕宁没有太大帮助。相反，通过将布吕宁描绘成一个临时性角色，《每日邮报》让他的地位变得比现在更加无关紧要。（注9）

鉴于英国对德国的舆论状况，英国首相拉姆齐·麦克唐纳无法向布吕宁提供任何倡议。更重要的是，他本人领导的少数派内阁必须应对日益严重的经济危机和紧张的政府财政。因此，当英国驻柏林大使霍勒斯·朗博尔德爵士致电伦敦，讲述德国外交部长朱利叶斯·柯歇斯正在宣扬延期偿还债务的想法时，英国进行了严厉的回应。英国外交大臣亨德森回信给朗博尔德：“德国现有的金融和经济状况完全不能证明德国政府宣布暂停支付赔偿的行为是有必要的。”他的主要论点是“德国遇到的经济困境与世界其他地方的别无二致，这一困境并没有严重到必须推迟赔偿或者重启海牙解决方案的程度”。1930 年 12 月 10 日，朗博尔德爵士向柯歇斯朗读了他收到的整篇急件。柏林不能对伦敦抱有任何期望。（注 10）

美国媒体采取了类似的方法。《纽约时报》对过度的悲观主义发出了警告：“今天，虽然支持魏玛共和制度的阵营拥有的席位数量只有 1924 年的一半，但如果重新建立社会民主党和中间党之间的联盟，仍然可以取得组建政府所要求的议席数量。为达成这一目的，在选举前有关人士就在努力，这显然在他们对结果的预期中。这些事件似乎会强迫领导人延续与温和派人士的伙伴关系，在他们的领导下，德国已经重新获得实力和声望。”《泰晤士报》发表了一篇文章，重申了与有影响力的华尔街人物相关的积极评价：“了解德国政治和经济事务的银行家宣称无须担忧德国国会的选举结果。”（注 11）

在华盛顿，减少或取消前盟友（法国和英国）所欠战争债务的想法是一种禁忌。胡佛总统处于弱势地位。他在 3 月初所做的预测被证明过于乐观——当时他认为，经济下滑会在 30 或 60 天内结束。到 10 月，工业生产又下降了 20%（统计图 5）。

自 4 月中旬达到峰值以后，美国的股价已下跌了三分之一。此外，一场严重的干旱摧毁了美国的大平原——美国农业的心脏。美国人民的士气已经处在历史新低的水平。在 11 月 4 日举行的国会中期选举中，胡佛的政党将受到选民的严厉惩罚。共和党在众议院以 1 票之差（217 票支持，218 票反对）失去了多数席位，在参议院也只获得了微弱的多数票（48 票支持，47 票反对）。经济危机继续恶化：工业生产持续下降，失业率攀升至 10%，此外还有数百家银行倒闭。（注 12）

统计图 5　美国工业生产指数（以 1929 年为基准）

只有两份黄色报纸——普利策集团的《纽约世界》和赫斯特集团的《纽约美国人》要求终止德国的赔偿。但是这对胡佛政府没有任何影响。同样，德国前央行行长亚尔马·沙赫特与胡佛和国务卿亨利·斯廷森的会议也没有达成任何结果。与沙赫特会面后，斯廷森急于给法国大使保罗·克洛代尔做保证，让他放心。保罗·克洛代尔是著名作家、雕塑家卡米耶·克洛代尔的兄弟。斯廷森说："我告诉他沙赫特博士到部门拜访了我，我邀请博士星期日来我家中吃午饭。我告诉他，无论是在部门里还是在我家中，沙赫特博士都没有就德国的政治或商业形势提出任何主张，我们甚至都没有讨论这些情况——两次见面都是纯粹的私人和社交性质……"（注 13）

因此，布吕宁没有理由希望债权国会接受新的协议。伦敦、巴黎或华盛顿都没有发出任何"让德国摆脱债务陷阱"的呼声。外交官们一致认为，不能在海牙会议结束后不到一年的时间内就对杨格计划进行修订，同时政界人士试图争取更多时间，他们相信经济复苏将最终解决所有问题。现在，经济危机和国际政治的节奏已经乱了。

当外交官和政治家仍在沾沾自喜时，包括菲利克斯·索玛瑞在内的一些独立观察员对事件的进展日益感到恐惧。但让银行界许多人士感到沮丧的是，在 1 月于海德堡和柏林发表演讲后，索玛瑞已经很大程度上退出了公众视野。4 月，他娶了奥地利的伯爵夫人梅·登布林，后者于 1929 年加入了索玛瑞合伙的 Blankart & Cie. 银行，并担任行政助理。夫妻二人在萨尔茨堡举行婚礼后，前往索伦托[102]，他们在意大利度过了一段不短的蜜月时光。

不过，当他收到享有盛誉的英国皇家国际事务研究所发出的关于12月在伦敦发表演讲的邀请时，他抓住了这个机会。演讲时，他首先阐述了经济危机的原因，然后讨论了其政治影响。他传递出的主要信息是人们对共产主义在欧洲大陆蔓延的恐惧是没有根据的，但是另一场战争的可能性正在变得越来越大："我们正在迅速接近欧洲的转折点。如果意大利和德国之间的协议取代了白里安－施特雷泽曼时代，那么我们很难避免战争。希特勒纳粹党的崛起是这场危机的直接后果，这场危机将大批被摧毁的人民推入了最激进的民族主义领导人的怀抱。"

他敦促听众放弃他们的自满情绪，以对危机进行补救。"有人期待这场危机可以通过让美国减少关税和免除欧洲国家债务的方式得到解决。我很确定这是不可避免的，但是无法确定它是否会在适当的时候得到解决。我们需要的是立即采取行动。"对索玛瑞来说，只有两种措施可以从根本上改变局势。首先是国际价格结构的调整：必须降低成品价格，提高原材料价格。这种调整将使外围国家获得更多的购买力，并让富国增加出口。索玛瑞甚至考虑了让政府临时购买原材料，以恢复需求，摧毁

102　"索伦托"（意大利语：Sorrento），又译"苏莲托"，是意大利坎帕尼亚区下的一个市镇。该城濒临那不勒斯湾，是一个观光胜地。意大利名曲《重归苏莲托》（意大利语：*Torna a Surriento*）的作者所向往的即为这里。该城建于海滨峭壁上，在市政公园中可观赏那不勒斯湾与维苏威火山的景色。

众多的卡特尔[103]和辛迪加[104]——“那些我们经济生活中的寄生虫”——以及降低工业工资以降低成品价格。其次是采取措施解决法德之间的失衡问题，以期恢复欧洲的政治信心。“只要法国囤积资本和德国将自己的积蓄投资到本国境外的行为不停止，欧洲大陆的复苏就不可能实现。欧洲不缺乏资本，需要的只是信心。我坚信，只要法德两国一日不合作，就一日找不到摆脱困境的出路。英格兰必须第二次将它们召集在一起。如果英国没有意愿也没有力量这样做，那么当前的危机将只是黑暗时期的序幕，未来的历史学家将为这个黑暗时期命名为‘两次大战之间’。”

有趣的是，当会场开放提问时，大多数人都在询问他的第一个建议，即原材料和制成品的价格调整。只有一个问题问到了法德团结的计划。索玛瑞回复时重申了行动的紧迫性：“现在的政治局势非常严峻。我注意到，伦敦的听众没有把我的一些评述放在眼里。但在我的一生中，我还没有看到过像现在这

103 “卡特尔”（英语: Cartel，又称“垄断联盟”“垄断利益集团”“企业联合”“同业联盟”等），垄断组织的主要形式之一。这种垄断很容易发生在少数资源被数个企业完全掌握的情况下。为了避免过度竞争导致的整体利益下跌，一系列生产类似产品的企业将组成联盟。这种联盟是卡特尔垄断组织的一种表现形式。

104 “辛迪加”（英语：Syndicate，又称“企业联合组织”“私人联合会”）是指由多个实体自我建立的组织形态。其垄断程度较卡特尔的低，虽然不会垄断整个市场，但会造成局部垄断与规模经济。它是通过少数处于同一行业的企业间相互签订协议而产生的。所有这些加入了辛迪加的企业，都由辛迪加总部统一处理销售与采购事宜。

样危险的情况。”索玛瑞在演讲结束时再次呼吁英国政治精英应有责任感：“英格兰是欧洲大陆的自然领导人，不能被其他任何国家取代。如果政治信心得以恢复，那这场危机只会是一段插曲；如果没有，那将是一场悲剧的第一幕。”（注 14）

在进行了悲观的分析之后，索玛瑞于 1931 年初的几个月撤回了他的银行在英格兰、德国和意大利的银行的所有资金。他在 Blankart & Cie. 银行的合伙人不认同此举，认为他的悲观情绪被夸大了，会对银行业务造成破坏。无论如何，索玛瑞还是开始了撤资事宜。（注 15）

尽管选举结果令人警觉，但看到外国政府仍不准备提供帮助，布吕宁开始考虑采取更咄咄逼人的外交政策。在 12 月中旬，他召集了自己的核心圈子成员，与他们分享了自己的观点，即国内政治将迫使政府在“赔偿方面”采取行动，行动可能在 1931 年 2 月底前开始。柯歇斯、迪特里希和路德同意了，但他们认为，在不造成危险破坏的情况下，没有取得进展的可能性。路德随后提出了一个新主意：“我们不能通过裁军的方式将指导权再次推到美国的手中吗？”（注 16）布吕宁和柯歇斯喜欢这个提议，该小组同意把延期偿还债务与“一项真正重大的、全面的政治行动”关联起来。（注 17）

4 天后，布吕宁与美国大使弗雷德里克·萨基特举行了会议（图 11）。进行私人对话的想法是萨基特提出的，此时他正在柏林寻求更有影响力的角色。这位来自肯塔基州的共和党参议

图 11　美国大使弗雷德里克·萨基特与妻子奥利芙·斯皮德·萨基特于柏林

员曾是一名商人，因与胡佛的友谊而成为驻德国大使，获得了广泛的关注。他将美国大使馆变成了柏林社交生活的热点。他的妻子奥利芙是肯塔基州一个富裕商人（这位商人在煤矿和水

泥产业中赚了钱）的女儿，负责组织聚会。（注 18）

当时著名的柏林上流社会编年史家贝拉·弗洛姆也对这位美国大使有深刻的印象："（我）去车站与新任美国大使弗雷德里克·萨基特会面。（他是一个）看起来很温柔的人，显然有着很好的背景。萨基特太太是一位很有魅力的女性。"在萨基特家中待了一晚后，她写道："美国大使和他的妻子在这里向人们展示'娱乐'的含义，甚至各位国际外交官也被惊呆了。萨基特一家在茶歇时提供了龙虾，这在柏林是闻所未闻的奢华！大使在柏林最时尚的街区租了一座小而贵气的宫殿。一位身形高大的高龄管家指挥着一小队穿着紧身蓝色制服的侍从。难以置信，奥利芙·斯皮德·萨基特夫人是一位拥有社交秘书[105]的人，这在柏林还是一种奢侈的新奇事物。她是位完美的女主人，甚至邀请到了很多战前的帝国廷臣。"（注 19）

对于布吕宁而言，现在是与美国大使进行对话的适当时机，他有了展示自己新计划的绝佳机会。他有信心萨基特会上钩，因为他认为萨基特在政治上很幼稚并且易受操纵。实际上，这位大使立刻就喜欢上布吕宁提出的"包罗万象的会议"的想法，并承诺给胡佛总统写一封私人信件。（注 20）

提出这一倡议的时机很好。在华盛顿，关于协约国间战争债务和德国赔偿的共识正在缓慢发生变化。1930 年 12 月中旬，

105　社交秘书负责社交活动的策划和运行。社交秘书负责组织各种相关且易参与的活动，以满足其成员的需求和利益。

国务卿亨利·斯廷森与他最亲密的同僚、副秘书长约瑟夫·科顿举行了会议，讨论德国严峻的经济前景。斯廷森坚信，美国必须采取一些措施，以防止即将来临的欧洲灾难影响到美国经济。1930 年 12 月下旬，斯廷森还与胡佛总统进行了交谈。双方都认为德国正在寻求以公平的方式减少赔偿，“因为德国一直在通过利用自己的资源进行坦率的尝试，以度过这个冬天，而且德国正在实施一项削减开支的计划，其幅度之猛烈堪比刮骨”。胡佛总统是《凡尔赛和约》的早期批评者，对欧洲的问题有清晰的认识。（注 21）

不仅胡佛和他的亲信，甚至白宫外有影响力的人士也开始质疑传统观点。大通银行董事会主席艾伯特·威金在该银行的年度报告中公开写到了美国应削减部分欧洲战争债务：“世界范围内越来越多地讨论减少或取消盟国间债务的问题。这个问题的重要性远远超过所涉债务的规模。我没有对争议双方的许多论点做出评论，也没有评论‘取消’本身的公正性问题，我坚信，此时开始减少这些债务对我们的政府来说是一件好事。”（注 22）威金当时得到了加拿大皇家银行行长赫伯特·霍尔特爵士的支持。（注 23）甚至，杨格计划的设计者欧文·杨格都对胡佛说，应将赔偿和债务减少 20%。（注 24）

1931 年 1 月，斯廷森国务卿采取主动，指示精力充沛的副国务卿科顿前往欧洲为经济会议做准备。科顿是一个不错的人选，他毕业于哈佛大学法律系，当过律师，曾在战争期间与胡佛总统在食品管理部门一同工作过。在一年前的春天，当斯廷森参加伦敦海军会议时，科顿曾出任华盛顿州代理国务卿，并在早期就对德国的困境有所了解。确实，科顿有机会也有能力在国际金融外交中创造一些新的声势。

然而，科顿却在安排前往欧洲的旅行时病了。他被带到巴尔的摩的约翰・霍普金斯医院[106]，在那里被诊断出脊髓感染。1月21日，外科医生从他的脊椎上切除了一个肿瘤，但科顿未能从手术中恢复过来，最终去世。他的任务因此被迫取消，胡佛虽然听取了威金和欧文等人的意见，但决定不进一步推进此事。2月2日，萨基特大使不得不向德国外交部报告，他在华盛顿的行动没有任何结果。（注25）

但是萨基特并没有放弃。他坚信只有华盛顿有能力在债权人和德国政府之间达成新协议。他搜集了统计数据，想证明赔偿对德国的国际收支和公共财政造成了多么不利的影响。他将这些数据发给了纽约联邦储备银行，希望它能促使美国官员采取行动。此外，法国方面的一项新倡议也鼓舞了萨基特。1931

106　约翰斯・霍普金斯医院（英语：Johns Hopkins Hospital）位于美国马里兰州巴尔的摩，是约翰斯・霍普金斯大学医学院的教学医院和生物医学研究机构。它成立于1889年，是美国现代医学的奠基机构，是很多著名医学传统（如查房、高级专科住院实习医生、查房医生）的发源地。约翰斯・霍普金斯医院被广泛认为是世界上伟大的医院和医疗机构之一，曾连续21年（1991—2011年）被《美国新闻与世界报道》新闻杂志评为美国最佳综合医院。2019年，《美国新闻与世界报道》按照15个成人专科和10个儿童专科对全美医院进行了排名，该医院取得了马里兰州第一、全美第三的成绩。

年2月6日，法国作家兼外交官弗拉基米尔·德·奥姆森发表了一项旨在将暂时减少赔偿与限制军备联系起来的提案。根据他的计划，如果美国放弃法国一半的债务，德国将只需要在1931—1933年支付无条件年金的一半。此外，法国和德国应将军事预算削减十二分之一。布吕宁对此做出了积极回应，尽管他寻求的不仅仅是暂时的缓解。（注26）

1931年2月9日，白里安支持法国银行参与李·希金森公司策划的另一笔德国贷款。这并不是什么重要的交易，因为它只是为德国政府提供了预融资，使其能向德国国家保险职工协会出售政府持有的德国国家铁路优先股。但这一举动还是传递出了积极的信息。《福斯报》认为它是“自9月14日以来首次在柏林和法国资本之间翱翔的和平鸽之一”。《纽约时报》从巴黎发出报道称：“法国银行家昨天在这里对自己能参与其中表示满意，因为这是自战争爆发以来法国首次直接向德国政府放贷。”（注27）

与此同时，看涨情绪重新在投资者中蔓延。从1931年1月初到2月底，道琼斯工业平均指数从160点跃升至190点。1931年1月中旬，艾伯特·威金观察到“我们大概处于大萧条的最糟时期”，并预测“1931年底的情况会好于1930年底的情况”。杨格计划债券从1月初的大约70美元反弹至3月中旬的近80美元，从而恢复到1930年9月德国国会选举之前的水平。也许，备受期待的复苏形势终于确定了。（注28）

此外，布吕宁正在加强他在国内的地位。1931 年 2 月 7 日，德国国会多数议员否决了激进党发起的不信任投票。2 月 10 日，德国国会通过了新的议会规则，根据新规，在辩论中曾用言语侮辱他人的人将受到惩罚，新规排除了阻碍战术[107]，并以牺牲全体会议为代价，给予委员会更多重视。在新规得到通过后，共产党、纳粹党和胡根堡的全国人民党都离开了会议现场。由于只有共产党返回继续参加了接下来的会议，外交部长柯歇斯得以轻松地通过另一场不信任投票。英国大使朗博尔德对此表示钦佩："布吕宁博士在本次会议开幕之日就在德国国会上获得了多数席位，他再次以其领导才能给公众留下了深刻的印象，让其他政党在最后意识到，他们必须站起来反对极端分子。我有一位来自东普鲁士的熟人，他是一名坚定的德国民族主义者。他近日告诉我，埃拉德・库尔特・玛丽亚・弗西特高特・冯・奥尔登堡 - 詹努绍先生[108]——普鲁士容克贵族精神的化身，在德国国会已经待了 40 年了——向他表达了一个观点，即从俾斯麦

107 "阻碍战术"即"阻碍主义"（英语：Obstructionism），又名"阻碍政策"（英语：Policy of obstruction），指通过各种手段（如在辩论环节进行冗长发言或在投票环节以极其缓慢的速度走向投票箱等）故意扰乱立法进程的行为。

108 埃拉德・库尔特・玛丽亚・弗西特高特・冯・奥尔登堡 - 詹努绍（Elard Kurt Maria Fürchtegott von Oldenburg-Januschau，1855 年 3 月 20 日—1937 年 8 月 16 日）是德国主要的农业学家、游说者和国会议员。历史研究认为他是保罗・冯・兴登堡总统周围所谓的"盟友"中颇具影响力的成员之一。他在魏玛共和国后期确定德国政治的发展方向方面发挥了决定性作用，在希特勒最终被任命为总理的过程中是关键人物。

时代以来，布吕宁博士是德国第一位真正的总理。”（注 29）

出于对布吕宁所取得的成功日渐深入的认识，以及对内阁失败会导致魏玛共和国崩溃的担心，英国政府最终做出了重要的姿态。与华盛顿一样，伦敦的共识在冬季已经开始转变。1 月中旬，英格兰银行董事、杨格计划的谈判代表乔塞亚·斯坦普爵士对《每日电讯报》说：“杨格计划给德国带来的负担已经大大超出了预期。”同样，高级财政部官员弗雷德里克·莱斯－罗斯爵士表示，他愿意接受杨格计划的修订。（注 30）

这一次，让英国提出倡议也是萨基特大使的想法。他在 1931 年 3 月上旬与英国大使朗博尔德共度的晚宴上表明自己坚信“英格兰的姿态将比其他任何事情对布吕宁政府的意义要大”。丹麦驻柏林大使也提醒了朗博尔德：“英格兰和法国应该为布吕宁政府提供帮助。”几天后，朗博尔德向伦敦发送了电报，提议邀请布吕宁前往契克斯庄园——英国首相的官方乡间别墅。“我再次重申，布吕宁在德国国内享有很高的声望，我认为他面对自己国家困境的方式给其他国家的公众留下了深刻的印象，但是他不像柯歇斯那样了解欧洲的政界人士。我认为，访问英国会为他带来国际声誉，这有助于他在德国国内开展工作。比如，我想象不到比邀请布吕宁在契克斯庄园度过一个周末更能打动德国人的事情了。”（注 31）

德国政府于 3 月 24 日收到了邀请，并在 4 月 8 日公开了此事。自战争[109]以来，这是德国部长除参加正式会议以外第一次被邀请到英国。诚然英方只想谈裁军问题，但这也为讨论经济形势和赔偿创造了可能。（注 32）

英国、法国和德国相互讨价还价的时机已经成熟了吗？实际上，它们仍有许多障碍需要克服。最重要的是，法德关系仍然存在困难。从理论上讲，法国和德国的许多政客想加强双边合作，但实际上他们又害怕采取必要的措施。1931 年 2 月，法国众议院就发放给德国政府的贷款进行辩论时，有很多批评人士担心德国会动用这些资金重整军备。（注 33）

66 岁的老马库斯·瓦伦贝格是一位特别敏锐的法德关系分析师，是瑞典著名家族的子孙。瓦伦贝格在 20 世纪 20 年代开始从事国际金融外交工作之前，曾是瓦伦贝格商业帝国的基石——斯德哥尔摩恩斯基尔德银行的首席执行官。他参与了道威斯计划和杨格计划的实施，并定期在欧洲旅行。他到处都有朋友，其中便包括柏林的国务秘书汉斯·舍费尔。1931 年 2 月下旬，他去巴黎旅行后对舍费尔说："法国人（包括右倾派在内）都强烈支持与德国和解。他们谈及了很多经济合作。然而，当人们开始讨论具体实施的方案时，法国人普遍的反应是消极的，即使是左倾派也无法做出任何深远的让步，因为巴黎的舆论不允许。"（注 34）

德国驻巴黎大使冯·赫施在 3 月初写了类似的话："寻求法

109　这里是指第一次世界大战。

德互谅的人每次进行辩论时都遵循着类似的模式。首先，他们会谈论政治问题，得出的结论是，这些问题无法得到解决，以及只有在严格的限制条件下，德国的主张才能被接受。然后，他们会讨论经济和金融合作问题……一开始，在两国间建立全面经济联合体的想法会激发人们的热情……但是，这种讨论并不会得出任何实际结果……当被问及‘要如何说服法国公众在德国进行长期投资’时，他们会得到一个被广泛认可的答案，即‘第一步，双方必须建立信任’。而当大家讨论‘该如何建立信任’的问题时，他们又会得到一个答案，即‘建立信任需要一个全面的政治解决方案’，于是对话又回到了起点。”（注 35）

第 三 部 分

绝 望

7　化圆为方

3月6日，星期五，人们犹豫不决的时期结束了。这天下午晚些时候，财政部的高级官员激动地通知总理，德国政府的收入情况正在迅速恶化。财政部长迪特里希警告说："采取残酷的措施将不可避免。"参加紧急会议的德国银行行长路德也肯定了这一让人沮丧的前景。布吕宁专心地听着，解释说他理解各位的担忧，然后得出了一个影响深远的结论："如果我们不在赔偿问题上采取果断措施，德国人民将不会容忍我们再一次进行财政紧缩。因此，我决心采取行动。"（注1）

路德和财政部国务秘书汉斯·舍费尔对布吕宁的此番表态感到震惊。他们两人坚信，对德国履行杨格计划义务的质疑将会立即引发金融危机。投资者将开始怀疑德国的偿债能力，从而引发大规模的资本外逃。相比之下，永远忠诚的总理府国务秘书赫尔曼·平德尔则心平气和地接受了这一新政策。3天后，他在日记中这样记录了这一场具有历史意义的会议："在不进行赔偿改革的情况下，继续削减开支的行为正在破坏我们贫困人民的精神。"（注2）

谁是对的？更加激进的外交政策会帮助德国政府改善其国内地位吗？有没有在不引发重大外交和金融危机的情况下修订杨格计划的办法？

总理很快收到了这些问题的第一份答案。3 月 16 日，外交部长柯歇斯告诉内阁，他一直在与奥地利秘密谈判，以期建立关税同盟。2 天后，内阁一致支持这一想法。柯歇斯知道，布吕宁把更加强硬的外交政策当作应对目前政府低支持率的办法。柯歇斯充满信心地解释说："这一举措有望减轻国内政治压力。在这个问题上，我们甚至可以团结社会民主党和纳粹党。"柯歇斯认为关税同盟的经济影响是次要的。奥地利的市场太小，不能以决定性的方式增加德国出口。（注 3）

但这个开局却完全失败了。当 3 天后收到消息时，法国外交部充满了敌意。德国大使在他从巴黎向柏林发的电报中写道："我们的计划引起了极大的惊愕和愤慨。"法国外交部部长白里安通常脾气温和、语气得体，现在却也大声喊道："这是在准备德奥合并[110]！"不久，这个德语术语[111]，以及柯歇斯的名字便尽人皆知。在这件事情发生以前，德国之外几乎没人知道

110 "德奥合并"（德语：Anschluss）是 1938 年 3 月 11 日纳粹德国吞并奥地利共和国并组成大德意志帝国的事件。德奥合并有历史渊源——两国同由日耳曼民族组建，并且主体都曾同属于神圣罗马帝国——因此当时的"统一"（合并）思潮能较容易地得到德奥两国公民的响应。

111 "这个德语术语"即前一注释中的"Anschluss"，该词在德语中语意为"联合或政治联盟"，被英语借用于专指德奥合并。

他的名字，现在他却成为傲慢的象征。（注 4）

亲法国政府的报纸《时报》比白里安想得更远。《时报》认为柯歇斯的计划“试图实现德国的中欧旧战略[112]，如果德国从战争胜利中崛起，德国将试图确立其统治地位”。在几天后的议会辩论中，白里安再次猛烈抨击德国政府。“奥德协定显然标志着现在是时候中止与德国的关系了，”他怒喝道，“必须采取预防措施。”法国外交部长完全有暴怒的理由：就在几周前，他还在议会辩论中愤愤不平地淡化德奥合并的危险。他一直是个好人，但这次真的被骗了。（注 5）

白里安辩称奥地利违反了 1919 年的《和平条约》[113] 和 1925 年的《日内瓦议定书》。《圣日耳曼条约》第八十八条规定：“奥地利的独立性是不可剥夺的，除非得到国际联盟理事会的同意。”该条款与同年的《凡尔赛和约》第八十条相关联：“德国承认并将严格尊重奥地利在该国与同盟国和协约国之间的条约中所规定的边界内的独立性；德国同意，除非获得国际联盟理事会的同意，否则这种独立性是不可剥夺的。”1925 年《日

112　在俾斯麦时代结束后，德国的外交政策和战略重心有所调整，其中之一就是通过和奥匈帝国、意大利王国结盟巩固德国在中欧的地位。后来虽然奥匈帝国否定了关税同盟的建议，但三国成功建立了军事同盟。

113　《和平条约》即下文提到的《圣日耳曼条约》，全称《圣日耳曼昂莱条约》（德语：Staatsvertrag von Saint-Germain-en-Laye），是第一次世界大战后，协约国与奥地利共和国于 1919 年 9 月 10 日在圣日耳曼昂莱签署的条约。该条约的生效，标志着奥匈帝国的正式解散。奥地利承认匈牙利、捷克斯洛伐克、波兰和塞尔维亚　克罗地亚－斯洛文尼亚王国的独立。

内瓦议定书》规定了奥地利从国际联盟获得用于稳定国内局势的贷款的条件：奥地利将“避免参与任何可能直接或间接损害这种独立性的经济或金融的谈判和约定”。白里安还批评德国在1924、1927年分别与英国和法国的贸易协定中违反了最惠国待遇条款[114]。如果德国在新条约中给予一个国家较低的关税，那么它有义务使所有的现有条约与新条约保持一致。（注6）

法国的论点在法律上是否无懈可击并不重要。实际上，其中很有可能存在漏洞。真正重要的是政治方面，柯歇斯的举动无疑犯了一个大错——从这一刻起，法国将更不愿与德国寻求紧密的合作。《泰晤士报》驻巴黎的记者写道：“可以肯定，那些积极地促进法德和解的人对所发生的事情感到非常不安和失望。”并非只有巴黎发出了批评的声音。捷克人和意大利人很快加入了这个法国“合唱团”，其他欧洲国家的政府也紧随其后。英国人虽然在这一消息传出后的前几天有所克制，但也持批评态度。3月25日，英国大使霍勒斯·朗博尔德爵士拜访了布吕宁，为他朗读了一封解释英国外交部疑虑的电报。只有一些美国官员对此事做出了积极反应。参议院外交关系委员会有影响力的主席博拉参议员宣称：“对他们而言，这样做是明智的。”“除非《凡尔赛和约》的精神发生重大变化，否则欧

114　最惠国待遇条款是贸易条约中的一项重要条款，其含义是：缔约一方在现在和将来给予任何第三方的一切特权、优惠和豁免，也同样给予缔约另一方。其基本要求是使缔约另一方在缔约一方享有不低于任何第三方享有或可能享有的待遇。最惠国待遇原则是关贸总协定的基本原则之一。

洲无法恢复过来。我看不出欧洲有谁会反对这项安排。”但在欧洲，当时华盛顿的重要性不及伦敦和巴黎。（注 7）

当然，柯歇斯曾预料到会有阻力。在寻求内阁批准时，他承认，他的计划造成的政治风险是“相当大的”。不过，他似乎完全低估了法国政治家的愤怒。他认为法国政治家将会在正式研究细节后接受该计划。柯歇斯有一个习惯于以规则为基础解决任何问题的律师头脑，他对政治的变幻莫测和外交的含糊不清缺乏感觉。英国外交部副国务秘书罗伯特·范西塔特爵士挖苦地评论柯歇斯“渴望将自己的名字与某些事物联系起来”。（注 8）

但更重要的是，组建关税同盟的想法没有任何经济意义。奥地利是一个只有 670 万居民的小国，其人口不到德国人口的十分之一。奥地利的经济疲弱，人均 GDP 比德国低 10%，很难看出降低两国间关税的行为能为德国出口部门带来怎样大的提振。相反，奥地利没有任何可用于德国工业的自然资源。柯歇斯本人也承认，从经济角度讲，奥地利肯定会“暂时拥有更大的优势”。（注 9）

值得注意的是，在 3 月 18 日的关键会议上，布吕宁没有阻止他的外交部长。他后来在回忆录里写道：他当时其实不想支持，但没有说明他为什么不否决计划。无论如何，他都接到过警告。（注 10）

令人惊讶的是，尽管关税同盟项目让法德关系比以往更加困难，但并没有动摇金融市场，杨格计划债券的价格和德国马克的汇率也都没有变动。乐观的美国投资者甚至认为组建奥德关税同盟是德国迈向欧洲更自由的贸易秩序的第一步。纽约国家城市银行在新闻稿里说，“作为一项商业倡议，它似乎具有一种务实的政治家风范”。而且由于奥地利和德国政府在 4 月中旬同意请求国际联盟的批准，因此大多数投资者认为紧张局势会缓和下来。（注 11）

而且，德国的经济前景继续改善。1931 年 4 月上旬，德国国内一流的经济杂志《德国经济学家》写道：“证券交易所呈现出积极的趋势，尽管几乎没有复苏的迹象，但投资者认为这表明危机已经达到最低点。”工业生产已回升至 1930 年秋季的水平。由于信心增强，德国央行出现了外汇增加的现象。一些观察家甚至预计，未来几周内央行将降低利率。美国大使萨基特向纽约联邦储备银行发出了乐观的信息：“我有种明显的感觉，那就是德国的情况看起来好多了。”他毫不怀疑地认为“大量逃往国外的德国资金正在返回德国”。（注 12）

在国内政治方面，情况看起来也更好。布吕宁的胜利接踵而至。3 月 20 日，德国国会通过了袖珍战列舰[115]A 的第三期款项的批准，以及袖珍战列舰 B 的第一期款项安排。此举使得布吕宁在德国资产阶级和民族主义分子中获得了广泛支持。3 月 25 日，德国国会通过了新财年的预算，并同意休会到 1931 年 10 月。这对布吕宁而言是一次最轰动的胜利。《福斯报》满腔热情地写

115 “袖珍战列舰”也叫“口袋战列舰”，是德国海军在第一次世界大战后研发的一个新舰种，以适应《凡尔赛和约》中有关战舰吨位和军备限制的规定。

道："我们可以对未来再次充满信心，我们可以再次充满希望。"3 月 28 日，兴登堡总统签署了一项紧急法令，该法令禁止准军事制服、随身武器和宣传卡车，同时也禁止未经当局批准的政治示威活动。国家元首的这种支持使布吕宁在自由主义者和社会民主党人中更加受到信任，此时，自由主义者和社会民主党人正因日益加剧的社会混乱而变得越来越害怕。截至 1931 年 3 月，已经有 300 人死于共产主义者和纳粹党之间的街头冲突。受到这一转折的鼓舞，平德尔在日记中写道："在国内政治领域，我们度过了一段充满伟大成功的时期。我们已经向国内外所有公众表明，这个内阁可以将其意志加于议会。"（注 13）

让布吕宁总理感到更振奋的是，纳粹分子正在经受重大挫折。4 月 1 日，图林根议会以多数通过了社会民主党提出的不信任投票，从而将纳粹党的部长威廉·弗里克[116]和威利·马斯勒从政府中撤走。弗里克是希特勒 10 多年来亲密的合作者之一，是首位在魏玛共和国担任部长级职务的纳粹分子。1930 年 1 月，他成为图林根右翼联合政府的内政和教育部长。他被任命后不久便开

116　威廉·弗里克（Wilhelm Frick，1877 年 3 月 12 日—1946 年 10 月 16 日），于 1933—1943 年在阿道夫·希特勒的内阁中担任内政部长。作为慕尼黑刑事警察的负责人，弗里克参加了 1923 年希特勒引导的失败的"啤酒馆暴动"，并因此被判犯叛国罪。他设法避免入狱，不久之后成为德国国会中纳粹党的领导人。希特勒于 1933 年成为德国总理之后，弗里克加入了新政府，并被任命为德国内政部长。他在制定巩固纳粹政权的法律以及定义纳粹种族政策的法律（最著名的是纽伦堡法律）方面发挥了作用。第二次世界大战后，弗里克在纽伦堡审判中被判犯战争罪，并以绞刑处决。

始清洗共产党员和社会民主党组建的机构（包括学校），并促进在警察团中雇用纳粹分子。他还颁布了报禁，审查了小说和电影《西线无战事》[117]（这部作品批判性地描述了一名德国士兵在战壕中的生活），并迫使耶拿大学任命了一名持优生学思想[118]的社会人类学家。一年多后，弗里克充满挑衅性的政策终于让联合政府中的另一名成员——德国人民党大为恼火，许多人民党党员高

117　故事讲述了第一次世界大战期间，一名 19 岁的学生保罗·博伊默尔在学校老师的激励下和同学一起参加国民志愿兵的事迹。在接受了 10 个星期严厉的新兵训练后，他被派往前线与法军作战，但战争的无情让他犹如活在地狱中。战壕内都是老鼠、虱子，烈性传染病威胁着每个士兵的生命。保罗眼看着同学们一个个要么阵亡，要么受伤被送到野战医院。野战医院设备简陋、药品匮乏，伤患的死亡率极高。后来，作为少数生还者之一的保罗因伤返乡，他发现前线与后方的差距很大。父亲带着他去向朋友炫耀，大家都相信政府的宣传，以为德国快打赢了。在学校里，他的老师坎托列克依然充满激情地鼓动学生上战场。重回前线后，有一次保罗在战壕中抽出匕首向一个法国士兵胸口捅了一下，这个敌人没有立即死去，而是呻吟了一整晚。善良的保罗最终想伸出援手时，却发现敌人已断气。保罗想写信告知他的家人，于是拿出他的记事本，发现这名法国人在当兵前是一名排字工。1918 年夏天，保罗的同学卡特的一条腿被炸断，保罗背着受伤的卡特跌跌撞撞地回到营区，但医官说他已经死了——一块弹片击中了他的头部。那一天整个前线是那么沉寂和宁静，第二天德国报纸刊载《西线无战事》。

118　优生学思想后来在纳粹时期得到全面推动。纳粹以经济理由将不具生产力的人以各种方法“处理掉”，以阻止他们繁衍后代，并要求每个国民都必须保持强健的体魄。纳粹希望通过此举创造一个优等民族，而这样的优等民族是不容有病弱者的。1933 年 7 月 14 日，纳粹党在德国推行《防止具有遗传性疾病后代法》，强制数十万名有遗传性疾病的人绝育。该法详细列出要针对的一系列遗传性疾病，包括先天性智障、遗传性癫痫、精神分裂症、遗传性失明或耳聋、严重遗传性身体畸形。同年 11 月，纳粹党在另一项法律中又强调对“伤风败俗者”的处理，规定要对罪犯、妓女、妨碍治安者进行强制绝育。“二战”期间，纳粹党一直利用优生学思想屠杀德国残疾人。

兴地通过社会民主党发起的不信任投票教训了弗里克。

希特勒与冲锋队之间的斗争也削弱了纳粹党。德国东北部冲锋队负责人瓦尔特·斯坦尼斯想要上街抗议布吕宁最近针对激进党派提出的紧急措施，而希特勒则坚持维持合法的政策。由于斯坦尼斯毫不动摇，希特勒于3月31日将他从柏林的职位上撤下，并命令他在慕尼黑的党总部任职。为了报复，斯坦尼斯派出忠实的部队占领了冲锋队的柏林分支总部和纳粹党周报《进攻报》在柏林的编辑部。当时，纳粹党柏林分支的领导人——约瑟夫·戈培尔正在慕尼黑与希特勒在一起，他对此感到震惊："这是党不得不面对的最严重的危机。"希特勒和戈培尔进行了反击，将斯坦尼斯从党内驱逐，并呼吁柏林警方协助他们重新控制被占领的编辑部。斯坦尼斯仍然不愿撤退，并煽动他领导的柏林冲锋队公开反抗希特勒，直到党领导再次干预，斯坦尼斯的起义才被瓦解。4月4日，戈培尔在对抗中筋疲力尽，他在日记中写道："昨天是令人毛骨悚然的耶稣受难日，是我人生的关键时刻，但我认为已经结束了。"（注14）

然而，正如总理和财政部长的预期，财政状况已经变得无法维持。经济复苏乏力，且回升只是暂时的。在第二季度，下降趋势在工业生产领域重现（统计图6）。尽管由于季节性因素失业人数正在减少，但贫困依然在蔓延。失业的父母及其家庭需要依靠不断减少的公共福利补贴维持生计，因而经常挨饿。1931年6月，德国医学会警告说："德国人民将沦为饥饿以及由它带来的可怕后果的牺牲品。”年轻人找不到工作，因而变得越来越不满。社会民主党刊物《自由之词》观察到这样的场景：“他们站在街角，双手插在口袋里，嘴里叼着手卷烟。他们对自己和整个世界都感到不满。这些年轻人的脸庞如同老人一般缺乏活力和精神，他们的脸上充斥着对社会秩序和整个社会环境顽固且危险的极度仇恨。”（注 15）

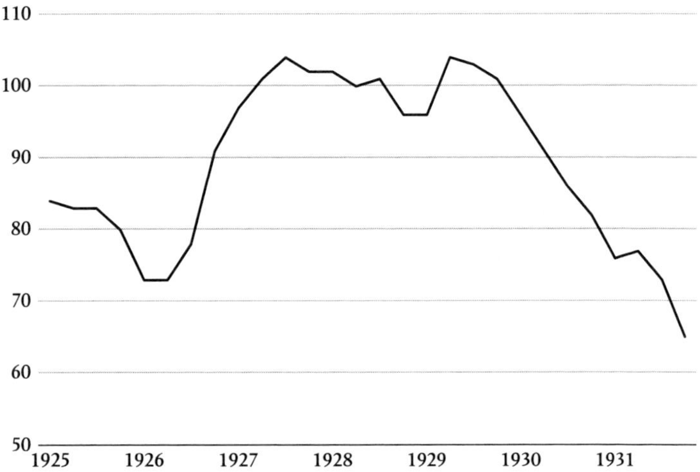

统计图 6　德国工业生产指数（不考虑季节变动因素，以 1928 年为基准）

1931 年 5 月 5 日，内阁开始认真准备一份新的紧缩政策。两天后，布吕宁邀请他最亲密的顾问参加私人晚宴，他要在宴会上阐明他对赔偿问题的新态度。他建议，紧缩措施应与一份表明德国人民不愿再做出任何牺牲的声明一同公布。他相信通过这样的宣言可以向德国民众发出信号，表示政府愿意在赔偿问题上采取行动，而同时又不必做出任何会让外国使节和投资者不悦的事。（注 16）

布吕宁知道，他正试图在斯库拉[119]和卡律布狄斯[120]之间航行[121]。“在国内，我们必须给民众留下政府已经提出要修订杨格计划的印象；在国外，我们则必须装作正在尽一切努力执行杨格计划的样子。赔偿问题无法在 1932 年前得到解决。在这个时间点之前，德国不应允许任何谈判变得至关重要。”布吕宁还解释说，紧缩措施最好在 6 月初公布，然后他将访问英国首相拉姆齐·麦克唐纳，这样安排是为了向世界尽可能清楚地展现德国日益绝望的局势。为了让他的顾问相信在赔偿问题上变得更加主动是至关重要的，布吕宁重复了近日与来自非社会主义工人运动的友人的对话。这些非社会主义工会同样要求修订杨格计划，并努力应对共产主义思想在其内部传播的局势，这令人感到担忧。（注 17）

119　斯库拉（英语：Scylla）是希腊神话中吞吃水手的女海妖。她有 6 个头和 12 只脚，口中有 3 排利齿，并且有猫的尾巴。她守护在墨西拿海峡的一侧，这个海峡的另一侧有名为“卡律布狄斯”的怪物。船只经过该海峡时只能选择经过卡律布狄斯的漩涡或者是她的领地。而当船只经过她的领地时，她就会吃掉船上的 6 名水手。

120　卡律布狄斯（英语：Charybdis）是希腊神话中位于女妖斯库拉对面的怪物，会吞噬所有经过的东西。在《奥德赛》中，奥德修斯返乡过程中遇到的一道难题便是经过这里。由于船的宽度刚好与卡律布狄斯的漩涡边缘和斯库拉之间的距离相等，斯库拉钩到了他们的桨，将船拉向自己，并掠走了 6 名水手。

121　在这两个怪物之间航行，意味着布吕宁必须非常小心，否则便会“船毁人亡”。

1931年5月11日星期一上午，内阁批准了布吕宁的沟通策略，并决定在总理访问英国前的6月初公布紧缩计划。这列驶向修正主义政策的火车开始加速。然而，当天晚些时候的一篇新闻迫使所有欧洲决策者重新考虑自己的选择：晚上9点30分，奥地利总理奥托·恩德将奥地利信贷银行（奥地利贸易和商业信贷机构）破产的消息告知了公众。奥地利信贷银行由安塞尔姆·所罗门·冯·罗斯柴尔德男爵于1855年建立，之后迅速成为奥匈帝国的主要商业银行。在1931年，它是奥地利有史以来最大的金融机构，占奥地利所有股份制银行总资产的53%，并与奥地利本国超过60%的有限责任公司开展业务。本次资产缩水达1.4亿先令[122]，奥地利信贷银行自身的权益资本[123]（1.25亿先令）和公开储备[124]（4000万先令）加起来几乎都无法填补。这家超级银行的倒闭将会让整个奥地利的金融体系崩溃。因此，为安抚公众，恩德提出了一项重建计划。根据重建计划，政府提供了新的资金，奥地利国家银行和罗斯柴尔德家族也提供了少量资金。（注18）

奥地利信贷银行的危机引发了许多令人担忧的问题：如果

122　先令（英语：Austrian schilling。德语：Österreiche Schilling。简称“ATS”或“ÖS”）是奥地利的旧货币单位。1924年，奥地利开始发行先令。在1999年引入欧元前，先令一直是奥地利的流通货币。先令与欧元的汇率为1欧元兑13.7603先令。

123　“权益资本”指清偿所有负债后剩余的资产价值。它出现在财务报表的资产负债表里，等于资产减去负债。

124　“公开储备”一般从商业银行税后利润中提留，是银行权益类资本的重要组成部分。其一般由留存盈余和资本盈余（如股票发行溢价）等组成。

重建计划不起作用怎么办？欧洲大国会介入支持该银行，还是危机会蔓延到德国，并最终摧毁整个欧洲的金融体系？危机的政治含义是什么？德奥关税同盟仍然是维也纳的优先事项吗？柏林将如何反应？

也有人怀疑总理奥托·恩德和副总理约翰·肖伯是不是领导这场危机管理的合适人选。恩德是保守派基督教社会党的成员，长期担任福拉尔贝格州[125]州长一职，以反资本主义同情和反犹太主义的言论而闻名。现在他不得不拯救奥地利信贷银行（其股东是罗斯柴尔德家族[126]）这一奥地利资本主义的心脏。肖伯曾担任维也纳警察局长一职，与德国外交部长柯歇斯共同制订了备受争议的德奥关税同盟计划。肖伯曾于 1929 年末向奥地利信贷银行施压，要求其吸收不断崩溃的奥地利农村信贷银行[127]的资金，而这正是奥地利信贷银行出现危机的主要原因之

125　福拉尔贝格州（德语：Bundesland von Vorarlberg）是奥地利最西面的州，处于博登湖和莱茵河之间，东南临拉尔山，分别与德国、瑞士与列支敦士登接壤。

126　罗斯柴尔德（德语：Rothschild）家族是一个始于迈尔·阿姆谢尔·罗斯柴尔德的富有家族。迈尔·阿姆谢尔·罗斯柴尔德原本是一个为德国法兰克福自由市黑森－卡塞尔领伯国提供服务的犹太银行家，在 18 世纪创建了自己的银行业务。后来他的 5 个儿子分别将银行业务拓展至伦敦、巴黎、法兰克福、维也纳和那不勒斯，一个国际性的银行世家就此建立。到 19 世纪时，罗斯柴尔德家族已经成为世界上最为富有的家族。其家族财富分布在众多继承人手中。家族企业如今已涉及极为广泛的领域，包括金融服务、地产、能源产业、混合农业、酿酒和非营利机构等。

127　在第一章中，索玛瑞曾发表过他对这起事件的看法：“……只是雷鸣前的一道闪电，我们将会见证更大规模的失败。”

一。现在，他被迫解决他自己参与制造的银行危机。

人们有充分的理由对最坏的情况进行预估。消息灵通的英格兰银行高级官员哈里·西普曼发出了悲观的声音。在得知信贷银行破产的那天，西普曼打电话给财政部的一位朋友，简洁地告诉他：“我想，它就是这样。”西普曼预计这场危机将先蔓延到德国，然后蔓延到英国。“它很可能会摧毁那座我们一直活在其中的纸牌屋。”有关奥地利的事实会证明，西普曼和其他悲观主义者的部分看法是正确的。恩德内阁宣布重建计划后的几周，信贷银行的危机不仅未得到遏制，反而全面升级。（注 19）

从 5 月 12—16 日，奥地利储户从奥地利信贷银行中取出了超过 3 亿先令（约合 4200 万美元）的存款，这是信贷银行资产减值（1.4 亿先令）的 2 倍多。到 5 月底，信贷银行已经失去了 30% 的存款，它被迫向奥地利央行索要兑换票据所需的现金。这导致流通中的纸币数量激增，从而使法定备付金率[128]从 83% 降至 68%。虽然这一数字仍高于 40% 的门槛，但是这样的下降速度导致外国储户撤回资金，国内储户则将他们的先令换成外币。奥地利央行承受着巨大压力。（注 20）

为了筹措重建计划所需要的资金，恩德内阁将目光转向了位于巴塞尔的国际清算银行。5 月底，国际清算银行向奥地利央

128 “备付金率”是对银行必须持有一定数量高质量流动资产的要求，该资产数额需达到为 30 天的现金流出提供资金的要求，可用于衡量公司履行其短期财务义务的能力。

行提供了 1400 万美元（约合 1 亿先令）的贷款，并要求以国家担保的形式打消债权人疑虑。议会一致批准了国际清算银行提出的条件。然而，国际清算银行提供的贷款和担保都未能阻止储户提款和资本外逃。奥地利需要另一笔贷款，但国际清算银行和奥地利央行之间的分歧阻碍了这一进程。法国要求在投入更多资金之前终止关税同盟项目，但副总理肖伯拒绝做出让步，因为他已对该项目进行了大量投资。到 6 月初，信贷银行的危机有逐渐失控的危险。（注 21）

后来的事实证明了西普曼和其他悲观主义者的另一部分看法是错误的，奥地利的危机并未蔓延到德国。仅在 5 月 12 日，即恩德内阁告知公众的第二天，危机有稍许向德国蔓延的迹象。因被怀疑与奥地利信贷银行有密切联系，达姆施塔特国家银行的股价下跌了 5%。但当投资者得知德国在奥地利的投资数额很小后，该银行的股价很快就恢复了。同样，德国的高级官员也坚信，维也纳发生的事件不会对德国银行业产生太大影响。（注 22）

杨格计划债券的价格（近期魏玛共和国的“反向发烧曲线”[129]）在 5 月下旬随着奥地利信贷银行危机的升级而下跌。但其实，杨格计划债券早在 4 月下旬就已经开始出现下降趋势，这完全是由国内因素导致的。有传闻称，为了避免财政危机，

129　这里的意思是债券价格与德国的事件热度成反比，当有诸如“奥地利信贷银行危机”这样的金融事件发生时，其价格会下降；反之在和平时期，价格会有所上升。这是由杨格计划债券的性质决定的，该债券与德国的经济预期绑定，当预期不佳时，价格自然会受到影响。

布吕宁内阁正在秘密准备另一项紧缩方案。投资者因此而感到震惊。最终，《福斯报》在5月9日星期六证实，“数周来，财政部进行了一场绝望的斗争”。德国的资金流动性和偿付能力再一次受到质疑。（注23）

投资者还担心布吕宁的国内地位正在下降。5月17日，纳粹在奥尔登堡自由邦[130]的选举中赢得了轰动全国的胜利。该党获得了37%的选票，比起1928年的7.5%的选票来，进步惊人。奥尔登堡虽然只是一个很小的城镇，大约有6万居民，但这场选举被认为具有高度象征意义。戈培尔很高兴：“奥尔登堡的选举结果就像一枚重磅炸弹。现在，我们再次成为主人。”第二天，内阁成员、德国人民党议会领袖爱德华·丁格尔代要求总理公开表明他正在努力与债权人重新进行赔偿谈判。几天后，非共产主义工会一致要求修订杨格计划。在5月的最后一周，英国劳工报纸《每日先驱报》声称，德国迫切需要额外的20亿马克来避免资金危机。虽然政府否定了这一谣言，但却未能平复投资者的情绪。当时，不仅杨格计划债券的价格在走低，而且德国央行也开始流失外汇储备。（注24）

布吕宁在外事方面的可信度也受到越来越多的质疑。5月19日，完成受洗仪式并被命名为“德国号”的袖珍战列舰A在

130 “奥尔登堡自由邦”（德语：Der Freistaat Oldenburg）位于德国北部，逐步发展为德意志帝国奥尔登堡大公国，后来于1946年11月1日并入新成立的下萨克森州。

基尔举行下水仪式，总理布吕宁在参加仪式的兴登堡总统和其他 5.6 万人面前发表了沙文主义演讲。5 月下旬，右翼准军事组织“钢盔”在布雷斯劳[131]庆祝第十二个“前线士兵日”。法国人和波兰人都对这次集会感到厌恶和恐惧，但布吕宁对此不予置评。巴黎的《时报》因此发起了针对德国总理的舆论攻势：“针对这些行为，德国的领导人做出了怎样的回应？他们如何证明我们对他们——一个共和的、民主的德国的信任是值得的？更何况他们曾反复宣称自己的‘和平意图’……德国政府既没有平息国内舆论，也没有防备‘泛日耳曼主义躁动’[132]所带来的

131　在德意志帝国时期，布雷斯劳（德语：Breslau）是德国第六大城市（当时人口多达 60 万）和主要纺织业中心。第一次世界大战后，在《凡尔赛条约》的刺激和下条注释所提及的“泛日耳曼主义”鼓动下，当地德国民众的民族主义情绪升温。1920 年 8 月，西里西亚起义期间，德国人毁坏了布雷斯劳的波兰语学校，并烧毁了当地波兰语图书馆。3 年后，该市又发生了一场排犹骚动。同时，布雷斯劳还授予阿道夫·希特勒“荣誉市民”称号。从 1933 年开始，盖世太保在当地进行针对波兰人和犹太人的行动：有人因为公开使用波兰语而被捕；布雷斯劳的波兰人之家被警察摧毁；该市 1 万名犹太人中的大部分被赶进集中营，剩下的犹太人也都遭到纳粹有计划的屠杀；大部分波兰精英分子离开该市，留下的波兰人领袖都被送进集中营。从 1939 到 1945 年，该市通过种族清洗，变成了一个纯粹的德国城市。而在“二战”以后的领土占领和民族大迁徙中，该市被划归波兰并重命名为“弗罗茨瓦夫”（波兰语：Wrocław），原有的德国居民被迫西迁，再加上波兰东部被割让给苏联，所以大批波兰人进入该城，导致其现在在人口构成上成为一座纯粹的波兰城市。

132　“泛日耳曼主义”是 19 世纪流行于德国的一种泛民族主义。由于奥地利人和德国人同为日耳曼人，该主义支持者便宣扬“日耳曼种族优越论”，主张将所有日耳曼人居住的地区合并于德国。后来纳粹党正是在此思潮下得以对犹太人实施种族灭绝政策，并不断对外扩张。

诸多危险，而是继续鼓励其人民怀有最危险的幻想。”10天后，波兰政府向柏林发送了一份外交照会，控诉了“钢盔”组织在边境附近集会造成“令人不安的时刻”。（注25）

随着紧缩方案的制定工作接近尾声，布吕宁需要决定宣言的内容。5月30日，他召集内阁就这一问题进行讨论。尽管采取大胆的行动会让他承受很大压力，但他还是坚持自己的计划：对国内和国外的听众做出不同的演讲，同时不采取具体措施。布吕宁认为自己可以借此制造出一种幻觉。当他公布该方案时，会场外出现了不祥但很应景的征兆——一场难得一见的大暴雨席卷了柏林，窗外的电闪雷鸣让屋内的官员们很难听清布吕宁谈及的内容。（注26）

会议再次无果而终。布吕宁这个总是拖延的人拒绝承诺使用特定的措辞。与此同时，紧缩方案在6月3日星期三晚上由兴登堡总统最终定稿并批准，此时距离布吕宁和柯歇斯启程前往契克斯庄园仅剩几小时。这份紧缩方案是他们必须咽下的苦果，其主要内容包括：削减1亿马克的总支出，减少退休金和保险金，增加食糖税和石油进口税，引入危机税以及大幅削减公务员薪水（幅度在4%到6%，包括总统、总理及部长在内）。自危机开始以来，高层官员的工资总共减少了30%。（注27）

在获得了兴登堡的批准后，内阁讨论了布吕宁和柯歇斯的英格兰之行（图12）。总理对此期望很低：“新闻界对此事大惊小怪。我们应该稍微踩踩刹车。英国政府想谈谈重整军备的问题，而我们必须提出赔偿的问题。这样两国肯定不会在契克斯庄园达成任何协议。”至于双方需要发表的宣言，内阁决定在布吕宁乘坐轮船前往英格兰时将草稿通过电报传给布吕宁。午夜前不久，德国代表团登上了火车。布吕宁和柯歇斯只带了3位随团官员：总理府的欧文·普朗克、外交部的利奥波德·冯·普勒森男爵和外交部口译员保罗·施密特。代表团中没有财政部技术专家。(注28)

图12 德国总理海因里希·布吕宁(左侧)、英国大使霍勒斯·朗博尔德爵士(中间)和德国外交部长朱利叶斯·柯歇斯（右侧）在柏林莱哈特火车站，拍摄于启程前往契克斯庄园前

火车将他们带到汉堡附近的库克斯港，第二天早晨他们将从

那里启程前往英国。在这次旅行中目睹的景象让布吕宁更加坚定只能通过在赔偿问题上更加激进来稳定国内局势的信念。口译员施密特在他的回忆录中写道："为了防止暗杀和其他事件的发生，警方封锁了整个码头。我们在前往轮船的途中受到警察队伍的'保护'。但是警察显然没有把码头工人考虑在内。当工人们认出布吕宁时，他们放下绳索或手中拿着的其他东西，朝我们走来，举起拳头大喊'打倒贪婪的独裁者！'尽管警察及时介入，但这个场景在我们登船的途中不断重现。"布吕宁没有对这一插曲表现出特别不满的样子。他知道国际媒体将报道这个骚乱消息，这会向世界展示，德国的政治局势已经变得多么危险。（注 29）

德国代表团于 6 月 5 日星期五上午抵达英格兰南部海岸。他们从所乘坐的轮船上被带到了"温彻斯特号"驱逐舰上，后者将他们带到南安普敦，在那里，他们受到了市长的欢迎。然后他们乘坐专列火车前往伦敦,并于下午早些时候到达伦敦滑铁卢车站。正如《泰晤士报》报道的那样，英国首相拉姆齐·麦克唐纳（图 13）、外交大臣亨德森和"包括许多身处伦敦的德国殖民地成员在内的一大群人"都向他们致意。几个小时后，布吕宁和柯歇斯在卡尔顿饭店同英国媒体与外国媒体进行了交谈，随后在这个酒店里度过了他们在英国的第一夜。布吕宁敦促英国公众认识到局势的危险性："现任德国政府将竭尽全力地维持稳健的财政政策，但这意味着给德国所有阶层的人民带来极大的负担。德国的政治压力非常大。激进主义正在德国发展，我们深知，如果我们只是依靠自己，就不可能解决这些问题。所有的国家其实都在面临类似的问题。德国内阁深信，只有世界上所有的国家真诚合作，这些问题才能得到解决。”（注 30）

图 13　英国首相拉姆齐·麦克唐纳

这天晚上，布吕宁和柯歇斯应邀参加了英国外交部举办的欢迎晚宴。整个英国的上流阶层都出席了这次晚宴：英国内阁的成员、居住在伦敦的自治领[133]高级专员[134]、英国国会下议院议长和上议院议长、坎特伯雷大主教[135]、主要反对派人士（其中包括劳合·乔治、斯坦利·鲍德温和奥斯汀·张伯伦）、英国军队的将军们、英格兰银行行长、伦敦市长、各学术协会主席以及其他政府高级官员。布吕宁在这里感受到了“霜冻的气氛”。晚饭后的接待会则没有如此正式。布吕宁抓住了这个机会进行个人交流，尤其是与英国前总理劳合·乔治。（注 31）

深夜，布吕宁终于通过电报收到了宣言的文本。它本应该在德国代表团前往英国的航程中送达，但柏林的内阁团队已经被这项任务压得不堪重负。在最后一次会议上，负责起草文案的副总理兼财政部长迪特里希与其他两位部长就宣言该使用的措辞风格进行了激烈辩论。舍费尔在日记中记录道：“两个资产阶级分子在争论谁能更好地进行德语写作。”迪特里希被同僚的批评激怒，最终离开了总理府，他的助手们不得不将修改后的文案版本带到他的公寓。无论如何，布吕宁没有在约定时

133 “自治领”（英语：Dominion）是在英国国王统治下的组成大英帝国的半独立政体。1931 年伦敦帝国会议通过的一系列决议，被称为《威斯敏斯特法案》，其中承认各自治领为“大英帝国内部的主权国”。在当时，英国的自治领包括加拿大、澳大利亚、新西兰、纽芬兰（后于 1949 年加入加拿大）、南非和爱尔兰。

134 “高级专员”是英联邦国家之间的高级外交官（通常享有大使级待遇），肩负着一个英联邦国家（当时是英联邦自治领）政府对另一个英联邦国家政府的外交使命。因英联邦的特殊性，这些外交使团通常被称为“高级委员会”，而不是“使团”。

135 坎特伯雷大主教（英语：Archbishop of Canterbury），同时也是全英格兰主教长、英格兰圣公会的领袖。

间拿到宣言文本，所以感到很不满意。第二天早上，他对德国外交部的高级官员说，宣言的措辞太过激进，很难受到伦敦的欢迎。一小时后，内阁按照总理的要求举行会议以缓和宣言中强硬的语气。（注 32）

午餐后，德国代表团前往英国首相位于伦敦西北约 40 英里（约合 64 千米）的风景如画的乡间寓所——契克斯庄园。众多记者和摄影师跟随着他们的车队。当他们抵达时，茶已经上好了。布吕宁试图进行认真的对话，但麦克唐纳和亨德森都不愿谈论政治。为了缓解和局势，他们只好出去散步，然后把会议场所改在图书馆里。现在，他们可以更认真地交流了。第一轮交锋后没有出现和解的迹象。布吕宁试图解释德国所面临的经济和政治限制，但在场的英国人（特别是亨德森）并没有接受他的论点。两个小时后，他们又去公园散步。当他们站在树篱旁时，拉姆齐·麦克唐纳突然问布吕宁对英格兰银行行长蒙塔古·诺曼悲观的个人观点有何看法。布吕宁感觉到，是时候讨论世界经济和德国的困境了。布吕宁觉得，麦克唐纳对自己的印象似乎还不错。布吕宁曾在伦敦和曼彻斯特度过了近 3 年的时间，同时撰写了论文《危机时期英国私营铁路与国家的关系》，可以轻松自在地用英语交流，并能够在情感上触动麦克唐纳。（注 33）

晚餐期间，麦克唐纳和布吕宁不再进一步纠结这些政经事件，转而讨论了宗教问题。令人惊讶的是，奉行加尔文主义的首相和信仰天主教的总理在许多方面达成了一致。同时，德国报纸的晚间版刊登了第二项紧急法令要求的措施和宣言，其中包含以下内容：

> 我们已竭尽全力履行由上次战争带来的义务。为实现这一目标，我们还广泛使用了外国援助。但这已不再可能。通过号召全德各阶层、各部门、各地区人民贡献所有的精力和储备，德国政府赢得了这一权利——这也是对自己人民负有的义务。我们向世界宣告：我们强加于本国人民的贫困已经到达了极限。一系列随后发生的事件证明了，杨格计划所依靠的前提是错误的。杨格计划未能给德国人民以救济，而根据有关各方的意图，这项救济本来是应予的，也是一开始的承诺。政府现在意识到，极度不稳定的经济和财政状况要求免除德国无法承担的赔偿义务。这也是全世界经济复苏的先决条件。（注 34）

第二天早上，麦克唐纳还没有收到关于这份宣言的信息。但是他被英格兰东部和中部地区前一天夜里发生地震的新闻所扰乱，这是该地区几个世纪以来的第一次地震。早餐后，正式的谈话在一楼的图书馆开始。与会人员有麦克唐纳、亨德森以及贸易委员会主席布吕宁、德国外交部长柯歇斯和翻译员施密特。英国外交部的罗伯特·范西塔特爵士和财政部的弗雷德里克·莱斯－罗斯爵士也参与了这次会议，他们是清晨从伦敦坐车赶到这里的。会场气氛还算轻松。讨论开始后不久，麦克唐纳请求翻译员施密特去取一份文件，但施密特找不到门，因为它被伪装成了书架。首相不禁大笑。（注 35）

布吕宁抓住了这个机会，重复了他前一天对麦克唐纳做过的解释：“如果严重的社会动荡不能得到平息，德国政府就无法走得更远。”英国方面承认布吕宁面临着经济和政治难题，但是对话毫无进展。莱斯－罗斯试图缓和现场气氛，但找不到可以进行发挥的共同点。布吕宁感到英国外交部和财政部与法国的立场保持一致，他们反对做出任何妥协。（注 36）

就在这时，英格兰银行行长蒙塔古·诺曼进入了会场。在听取了总理的简报后，诺曼让谈话有了一个全新的转折。他认为奥地利发生的危机是解决问题的关键。“除非每个人都能在重建工作中进行合作，否则将会发生灾难。”诺曼对德国人说，“我不想小看德国政府的困难，但和奥地利相比，贵国面临的困难并不是那么急迫。德国已经历了两三次金融危机，这对任何其他国家都是毁灭性的打击；然而德国表现出的强大的恢复能力，很可能会帮助其再次渡过难关。”（注 37）

关于奥地利信贷银行的危机，蒙塔古·诺曼的看法是正确的。情况实际上已经变得非常危险。法国仍在阻止第二笔国际清算银行的贷款，因为奥地利不愿放弃与德国的关税同盟项目，而副总理肖伯也拒绝进行妥协。遏制这场危机还需要一周的时间。诺曼在其中发挥了至关重要的作用。英格兰银行借由紧急

短期贷款介入此事，一个外国债权人财团接受了外债延期偿付协议[136]。（注 38）

但就德国局势而言，诺曼完全低估了其危险程度，麦克唐纳和其他英国人也认同他的观点。他们虽然对德国表示同情，却不愿提供任何帮助。在对话暂停后，事态又开始走向另一个意想不到的方向。休会期间，罗伯特·范西塔特爵士带来了英国驻华盛顿大使发来的电报。当双方继续进行对话时，麦克唐纳告诉布吕宁："我刚刚收到来自华盛顿的三封重要电报，上面说，美国报纸报道，昨天柏林发布的宣言在美国造成了非常不好的影响。并且被认为很可能会严重影响德国在美国的信誉。"（注 39）

这是一个尴尬的场面。宣言已经发布超过 12 个小时，英国首相正与布吕宁和柯歇斯坐在一起，却对此事一无所知。直到英国驻美国大使致电伦敦后，麦克唐纳才赶上这一事件的新进展。这不是因为英国报纸在星期天未能报道该条德国发生的新闻，而是因为他们没有将其放在头条，所以似乎没人注意到这条新闻。例如，《星期日泰晤士报》报道了有关德国紧急法令和宣言的内容，但该文章非常简短，而且被藏匿于报纸的第 15 版中。这一突发状况也让德方非常尴尬。他们原本计划在向国内听众表明政府决心要修改赔偿协议时，不会让外国政府、外

136　"外债延期偿付协议"是一种维持现状的协议。尤其是两国之间，当一个国家无法在规定时间内向另一国偿还债务时，可根据该协议获得一定的额外时间去偿还债务。

交官和投资者感到不安。显然，布吕宁的如意算盘已经落空了，这份计划开始产生适得其反的效果。（注 40）

麦克唐纳建议向在场的德方代表大声朗读他们收到的电报。布吕宁却略带惊讶地回答："我不明白为什么华盛顿现在如此沮丧。我们的宣言没有提及要暂停偿付赔偿。它只是重复了我和柯歇斯博士已经在国会中发表过多次的声明。"麦克唐纳回答道："相比较国会演讲中发表的声明，公开的宣言能给人带来更加严肃、庄重的印象。"随后蒙塔古·诺曼补充道："最后一部分中的'极度不稳定的经济和财政状况要求免除德国无法承担的赔偿义务'，这里特别加重了语气进行强调。之前没有看过这段文字，现在我能理解美国出现的反响了。在我看来，这一声明完全改变了我们所处的形势。我非常希望德国政府在接下来的几周内不会再出现这样的意外。"柯歇斯尽力向他保证，他们手上没有还在准备中的宣言了。

麦克唐纳对这次会议的内容进行了总结："我认为，我们无法继续落实各种问题方案了。现在有必要向新闻界发表一份公报，我们必须向我们的法国朋友和意大利人介绍已经讨论过的内容。"英德两国的一些官员很快拟出了一项草案，包含以下内容："德国部长特别强调了德国现有的困境，表示需要采取一些缓解性措施。"谈判持续到下午 6 点，然后双方分开了。布吕宁回忆说："告别的场景令人感到亲切而沮丧。"（注 41）

剩余的行程让他们提起了精神。当天晚些时候，英国工党国会议员阿奇博尔德·丘奇（他在促使麦克唐纳邀请布吕宁拜访契克斯庄园的过程中发挥了重要作用）邀请了布吕宁。第二天，布吕宁会见了《经济学人》杂志编辑沃尔特·莱顿和英国国王乔治五世。乔治五世进行了20分钟的不间断演讲，回顾了一系列预算和债务数据。他还与英国总理斯诺顿进行了长时间的交谈，后者分享了许多自己与布吕宁相同的担忧。当天下午，他在皇家国际事务研究所（查塔姆研究所）发表了演讲。布吕宁在回忆录中写道："当进入会场时，我感到冷漠的咒语被打破了。观众们以热烈的掌声欢迎我。"这次访问以德国驻英国大使馆举办的一场颇受关注的招待会结束。（注42）

然而，当在6月9日星期二早上离开伦敦时，布吕宁和柯歇斯都知道，这次访问其实没有取得什么成果。当他们在德籍轮船"欧罗巴号"上遇到从美国回来的美国驻德国大使萨基特和他的妻子时，他们仅存的幻想也破灭了。萨基特依然没有带来积极的消息，他对二人说："美国不能直接提供帮助。"更重要的是，正如布吕宁的办公室主任平德尔所说，第二次紧急法令的公布导致国内刮起了一场"飓风"。这一宣言虽然在德国广受好评，但无助于平息反对派对下一轮紧缩政策进行反对的态势。此外，由于投资者担心德国会走向破产，德国货币迎来了一波挤兑潮。（注43）

当德国代表团与美国大使及其夫人一起在不来梅港下船时，

他们遇到的是比他们几天前离开德国时遇到的还要愤怒的人群。这次，示威人群中不仅有加入了共产党的码头工人，还有纳粹分子。德国又一次主导了国际新闻周期。6 月 15 日，布吕宁严肃的面孔登上了《时代》杂志的封面，题目为《新德国的“铁血总理”》。（注 44）

8　来自华盛顿的帮助

德国货币的挤兑出现了迅猛的上涨势头。外国投资者从德国银行取出的资金数额不断增加，这导致德国央行必须获得必要的外汇，以支付给不断流失的存款人。在6月的第一周，德国央行的黄金和外汇储备减少了1.63亿马克（总量的6%）。6月10日星期三，当布吕宁回到柏林时，德国央行又损失了近7000万马克。备付金率（黄金和外汇储备相对于流通纸币的份额）迅速接近40%这个法定最低值。德国受到越来越多关于能否遵循金本位制的质疑。（注1）

然而，德国货币的挤兑并不是布吕宁在访问英国后唯一需要解决的问题。在6月初，一些令人不安的消息开始出现在媒体中，德国第二大商业银行——达姆施塔特国家银行[137]的稳定性受到了质疑。首先，共产党小报《晚间世界》散布了该银行即将破产的传闻。随后，主流媒体发布文章，谈到了总部位于

137　达姆施塔特国家银行的德语全称为“Darmstädter und Nationalbank”。鉴于作者在后文中频繁使用其简称“Danat”或“Danat Bank”，故译者也在此将其简称为“达纳特”或“达纳特银行”。

不来梅的纺织企业——诺德沃勒公司[138]进行大幅资产减值的有关事宜。而诺德沃勒公司是达纳特重要的工业客户之一。从此，德国银行体系的表面开始破裂。（注 2）

可以肯定的是，目前还没有出现银行危机。三家总部设在柏林且拥有庞大分支网络的大型银行——德意志银行、德累斯顿银行和德国商业银行被认为根基是稳固的；另外两家没有分支网络的大型银行——柏林商业银行和全德信贷银行（由德国国家所有），也表示能应付得过来。但是，德意志银行、德累斯顿银行和德国商业银行与达纳特的商业模式相同。它们都在很大程度上依靠外国短期存款，这使它们极易受到货币危机的冲击。达纳特与诺德沃勒公司之间的问题虽然非常严重，但是因为银行同时还受到外国存款提款的影响，形势才变得危险。负债和资产两方面的损失为银行业危机的出现奠定了基础。（注 3）

达纳特是第一家因野蛮追赶策略而陷入困境的银行。该银行于 1922 年由达姆施塔特商贸银行和国家银行[139]合并而成，随

138　1884 年，不来梅的纺织品制造商克里斯蒂安·拉胡森在临近不来梅的小城代尔门霍斯特建立了北德羊毛精梳和精纺纺纱厂〔简称“诺德沃勒”（德语：Nordwolle）〕，该厂从不来梅码头取得羊毛。这家家族企业后来一路扩张，成为生产粗纱的大公司（生产量占全世界的四分之一），有近 4500 名员工。但大萧条和管理不善使该公司在 1931 年破产，后经重组，公司得以凭借较小的规模一直经营到 1981 年。

139　“国家银行”全称为“德国国家银行股份公司”（德语：Die Nationalbank für Deutschland AG），是一家于 1881 年在柏林成立的私人银行公司，并非负责国家货币政策的“央行”。

后成为全德第四大银行。它试图确立自己在德国一流金融机构中的地位。常务董事雅各布·戈尔德施密特是这一目标的推动者，他自己也拥有大量的达纳特股份。戈尔德施密特是汉诺威附近一位节俭的商人的儿子，他以柏林证券交易所独立交易员的身份开启了自己的职业生涯。1918 年，36 岁的他与亚尔马 · 沙赫特一起成为国家银行执行委员会的成员，后者在两家银行合并一年后离开了达纳特，成为德国央行的负责人。（注 4）

一位前股票交易员在一家大型综合银行中一路升迁到顶层并非常事，而且这确实对达纳特产生了一些影响。在戈尔德施密特的领导下，达纳特专注于投资银行业务、购入大型工业公司的股票并促进企业并购。例如，他协助建立了联合制钢股份有限公司，并为诺德沃勒公司的扩张承担经济责任。戈尔德施密特的下一个计划本是仿照通用汽车的模式在汽车工业中创建一个联合企业，但最终失败了。不过这些雄心勃勃的计划表明了戈尔德施密特成为德国企业界领导者的雄心。到 1931 年，戈尔德施密特已经是不少于 123 家德国公司的董事会成员。达纳特还专门为地方政府提供资金，此举让戈尔德施密特在政界广为人知。相比它的竞争对手们，达纳特总是能够支付更高的股票分红。为了推动达纳特快速扩张，戈尔德施密特采取了大规模债务融资的方式，其中相当一部分是国外债务和短期债务。1929 年，该银行的资本比率（银行自有资源占总资产的比例）仅为 4.8%，不足以消化由重大经济冲击带来的负面影响。相比

之下，德意志银行、德国商业银行和德累斯顿银行的资本比率分别为 8.3%、6.1% 与 5.7%。（注 5）

戈尔德施密特并不担心他对外国短期信贷的依赖或与工业客户的紧密联系。恰恰相反，他在公开演讲中主张金融全球化是推动德国前进的正确途径。因此，当在 5 月中旬获悉诺德沃勒公司遭受巨额损失时，他大吃一惊。不仅达纳特，受此影响的还有德累斯顿银行，尽管程度较达纳特的稍小，但也相当严重。将消息带给戈尔德施密特的是达纳特的经理马克斯·德尔纳，他聘请了一名侦探，希望能够探明诺德沃勒公司的真实处境。戈尔德施密特仿佛遭受了巨大的打击，喊道："诺德沃勒公司完了，达纳特完了，德累斯顿银行完了，我也完了。"第二天，当与诺德沃勒公司的总经理 G. 卡尔·拉胡森见面时，戈尔德施密特出于愤怒和绝望把椅子丢到了拉胡森的头上。（注 6）

虽然达纳特事件是一起极端案例，但并非例外，通过此事件投资者开始意识到，德国的财务结构及其银行体系的稳定性都处于危险的境地中。然而，德国国内的储户尚未感到恐慌，这也是唯一的亮点。公众持有的钞票数量在 5 月下旬和 6 月上旬都没有增加[140]。（注 7）但是德国储户的耐心能保持多久呢？

除了日益严重的金融和货币问题，布吕宁还必须应对不断升级的政治危机。国务秘书平德尔指出："人们对紧急状态令

140　公众持有的钞票数量没有增加，说明储户没有进行挤兑，银行存款相对稳定。

的抗议已经发展为一场风暴。”共产党、纳粹党和胡根堡的国家民族党一致同意对新的紧缩措施发起联合攻击，最终目标是开除布吕宁的内阁成员。他们的计划是强迫重新召开国会[141]。激进党派估计，如果此事成功，那么德国政府很可能会部分违约。由此造成的金融乱局将迫使兴登堡解雇布吕宁。

这些激进党派确实可能在国民议会的长者理事会[142]中成功获得多数席位，长者理事会由23位代表组成，所有党派均有代表，代表数量根据党派所占比例确定。长者理事会有权决定是否重新召集国会。1931年6月11日星期四，德国人民党的代表表示支持重新召集国会的计划，尽管他们作为执政联盟的一部分理应支持紧缩计划。在人民党会议召开前，布吕宁曾向他的部长们明确表示，如果国会重新召开，他将辞去总理职务。外交部长柯歇斯在会议上警告他的党内同僚不要参与激进党派的阴谋，但这些努力都是徒劳的。有关该提案的表决在午夜前进行，最终，15名代表赞成该提案，13名代表投出了反对票。

141　第二部分第五章曾提到：“国会休会意味着行政部门变得更有影响力。在10月的这次会议之后，没有内阁的意思，德国国会将再也不会召开会议。”

142　长者理事会（英语：The Council of Elders。德语：Ältestenrat）是德国国会和地方代表机构中的一个联合审议机构，由以下成员组成：总统、副总统、国会议员（由议会团体按人数比例分配）。作为德国国会的六个机构之一，长者理事会的任务是管理联邦议院的内部事务，负责确定日常立法议程项目，并根据党派代表分配委员会主席。该机构的名称容易使人望文生义，但实际上它不是德国国会中组成成员年龄最大的机构（该机构没有最低年龄限制）；它的名称来自一个事实，即该理事会的任务需要成员拥有大量议会经验才能完成。

因此，德国政府部分违约已经有了现实的可能性。（注 8）

与此同时，共产党通过在柏林、汉堡和其他主要城市组织所谓的“饥饿游行”来施加压力。共产党街头战士与警察之间巷战不断，6 月 11 日晚上发生在卡塞尔的冲突尤其激烈。正如《福斯报》报道的那样，共产党武装在晚上 11 点 30 分左右用火器袭击了警察，警察因此开枪还击。尽管警察方面主要是对空鸣枪示警，但仍有数人受伤，一名 90 岁的制鞋匠被流弹击中，后来被发现死在自己的公寓中。骚乱一直持续到午夜之后。警察逮捕了 45 名共产党员，其中 1 人涉嫌在前一天晚上射杀了 1 名警察。“饥饿游行”又持续了 3 天。（注 9）

1 天后，即 6 月 12 日星期五，柏林的政治危机进入了一个新阶段。社会民主党代表威胁称，如果布吕宁不承诺在青年失业福利方面做出让步，他们就要通过动议重新召集国会。当天，总理布吕宁前往位于普鲁士邦诺伊德克[143]的兴登堡总统家中，向他简要汇报了在英国进行的会谈的内容和柏林的现状。兴登堡表示支持总理，并告诉他要坚持自己的计划。兴登堡还授予了布吕宁在紧急状态下组织德国国防军的权力。显然，布吕宁并没有排除大规模内乱的可能性。（注 10）

因对不断升级的政治危机感到惊慌，投资者们加快了撤回

143　诺伊德克（德语：Neudeck），今波兰奥格罗杰涅茨（波兰语：Ogrodzieniec），是波兰瓦尔米亚－马祖里省的基谢利采市的一个有 300 余名居民的村庄。诺伊德克在当时因拥有德国总统保罗・冯・兴登堡的乡间寓所而出名，后来兴登堡总统于 1934 年 8 月 2 日在此地去世。

资本的步伐。6 月 12 日星期五，当社会民主党人对布吕宁发起进攻时，央行储备金又创下了新的每日记录：超 2 亿马克撤出。在第二天市场休市后，德国央行董事会于下午 5 点召开了一次特别会议，决定将官方利率从 5% 提高到 7%。戈培尔在他的日记中高兴地写道："布吕宁在为自己的存在而战。如果这一次他跌倒了，我们将会是下一个接替者。灾难就在门外。"（注 11）

但是，布吕宁不想放弃。6 月 15 日星期一，他再次尝试在国会长者理事会中争取多数支持。他召集了执政联盟的所有党魁举行会议，希望能够软化他们的态度，直到他们做出让步。他在第一轮对话中排除了社会民主党的领导人，对那些曾担任过政府重要职务的其他各党成员抱有希望：德国国会主席保罗·勒贝、普鲁士邦总理奥托·布劳恩和普鲁士邦内政部长卡尔·泽韦林。布劳恩和泽韦林都依赖布吕宁的中央党的支持。如果现在拒绝支持总理，他们就有失去普鲁士邦议会中多数席位的风险。（注 12）

布吕宁用尽了他所有的修辞技巧来威胁在场的所有人。央行主席路德描绘了一幅关于德国央行黄金和外汇储备现状的戏剧性画面，并借此表达对布吕宁的认可。近两小时后，各党党魁离开了会议室，勒贝、布劳恩和泽韦林留了下来。现在，社会民主党的领导人被允许参加讨论。布吕宁和路德两人再次向他们描绘了重新召集国会可能会带来的暗淡未来。接着，布吕宁、路德和几位部长会见了那些在内阁中没有一席之地的政党的领

袖。他们的谈话一直持续到午夜。（注 13）

这个策略取得了一些成功，但布吕宁的战斗还没有结束。第二天（6 月 16 日）早晨，布吕宁收到奥托·布劳恩发来的秘密信息，称社会民主党同意不召集国会，但坚持要求召集预算委员会。总理仍不能接受这一做法，他需要的是对财政紧缩计划的明确支持。他告诉内阁，如果社会民主党在这次交锋中获胜，那么他将向兴登堡总统递交辞呈。所有部长都陷入了困境。中午，长者理事会召开了会议，决定是否应重新召集国会。平德尔将内阁的决议告知了理事会，如果总理的意愿被忽视，他们就将集体辞职。长者理事会决定不重新召集国会，但由于社会民主党仍坚持重新召集预算委员会，因此最终决定无法达成。新一轮谈判开始了。晚上 6 点，长者理事会再次开会，并最终决定尊重总理的意愿。激进党派被孤立，人民党和社会民主党人一同加入了支持总理的队伍。（注 14）

布吕宁的胜利暂时避免了一场全面危机的发生。在对最坏的情况进行了预测后，国务秘书平德尔感到极大的宽慰："现在，具有重要意义的一天将要结束。午夜就要到了。但是我仍需在纸上留下一些自己的印象。我们赢了！我们承受了巨大的压力。在这片战场之外，生活正在按照它自己的规律发展，只有很少的人知道或感觉到内战即将来临。如果没有今天达成的结果，我们将无法在 14 天之内支付工资、养老金、战争抚恤金等花销。但是我们赢了！"（注 15）

这场政治危机虽然得以解决，但也只是暂时减缓了德国货币的挤兑。在布吕宁取得胜利的3天后(1931年6月19日星期五)，德国央行又损失了近7000万马克的黄金和外汇储备。现在的备付金率仅略高于40%这个法定最小值。为了对储备金进行保护，德国央行决定限制私人银行通过提供票据换取现钞的交易。但是，这一措施并没有减轻危机的影响。它只是给一些银行增加了更大的压力——这些银行流失了大量外国短期存款，需要获得德国央行的外汇储备金来弥补资金缺口。(注16)

6月17日星期三，纺织企业诺德沃勒公司正式承认其财务出了问题：直接亏损2400万马克，其子公司亏损3000万马克，累积债务达1.36亿马克，而公司的股本总额仅有7500万马克。诺德沃勒公司还透露，它与达纳特相关的债务达2000万马克。达纳特的股票随即受到压力。在大萧条和货币危机的冲击下，其他银行开始摇摇欲坠，尤其是莱茵州立银行。在20世纪20年代的繁荣时期，这家银行不遗余力地将自身吸纳的短期存款转变为向西德城市提供的长期贷款。由于经济危机，这些城市的市政当局都面临着资金短缺的困境，难以偿付这些贷款。当该银行发生第一起亏损时，执行委员会向普鲁士邦内政部监管机构隐瞒了真实数据。但最终，一位高级官员发现了这一亏损并将其上报给柏林。内阁于6月18日星期四获悉此事。(注17)

政府之所以会陷入困境，是因为它定期收到的信息中很少提及有关银行的问题。例如，德国央行直到6月12日才听说诺德沃勒公司的事件，而且非常奇怪的是，它的消息来源不是德国国内，而是英格兰银行。绝望感开始四处蔓延。德国投资银行门德尔松的阿姆斯特丹分行主管弗里茨·曼海默于6月19日星期五晚上会见了汉斯·舍费尔。“曼海默在离开前非常激动，”舍费尔在日记中写道，“他认为这里发生的事情是经济崩溃的前兆，它将席卷所有人。”《经济学人》认为：“自1930年世界经济大萧条以来，负责指导金融和经济事务的人在过去10天中的焦虑时间比任何时候都要多。”（注18）

但随后，这一系列坏消息出人意料地被华盛顿传来的一则充满希望的好消息打断了。6月20日星期六上午，德国报纸报道说，美国总统赫伯特·胡佛正在“提出倡议”[144]。前一天晚上，胡佛将他与国会领导人的对话告知美国新闻界，内容涉及如何促进美国和欧洲的经济复苏以及为德国提供支持。然而，由于胡佛的言语含糊不清，人们不知道该如何解释这些来自华盛顿的信息：“这些对话特别针对改善德国局势的办法。目前尚未达成确定的计划或结论，但是我从两党领导人那里得到了令人满意的回应。任何有关计划或方法的声明都是完全基于推测发表的，不保证真实性。”（注19）

因此，周六早上，德国官员们对此仍一无所知，他们中的

144　这里指的是后来于1931年发布的《胡佛计划》（英语：*Hoover Moratorium*），这份倡议建议各国政府间的债务（包括赔偿及战债）均延期1年偿付，同时各国欠美国的债务不能取消。

大多数人对持续性的经济危机感到非常沮丧，以至于不敢再燃起希望。当一位驻柏林的美国记者告诉国务秘书舍费尔胡佛总统正在考虑部分取消与战争有关的债务时，舍费尔拒绝做出回应。德国央行行长路德因持续的货币危机而疲惫不堪，仍然保持悲观态度。路德致电舍费尔，告诉他德国央行仍在损失数千万的外汇储备。现在，即使是普通百姓也开始寻求外汇的稳定。舍费尔敦促路德联系伦敦的蒙塔古·诺曼行长，以便从英格兰银行和其他中央银行获得信贷。路德虽然不情愿，但最终还是联系了诺曼。他们之间的对话进行得并不顺利。（注 20）

下午 4 点 30 分，按照日程安排，布吕宁的经济团队本应讨论赔偿问题。（注 21）由于尚不清楚胡佛的想法，每个人都希望内阁选择暂停赔偿。但是在会议召开前 10 分钟，又传出了另一个令人惊讶的信息：美国大使萨基特致电德国总理府，透露他刚刚接到来自华盛顿的紧急电话——胡佛提出倡议暂停债务国偿还所有与战争有关的债务，为期 1 年。萨基特表示，一旦收到确认该消息的电报，他便会马上前往总理府。听完这一消息，布吕宁大吃一惊，因为“暂停赔偿”的想法甚至还没被提出来。（注 22）

下午 5 点 15 分，萨基特到达了总理府。他概述了胡佛要求将所有与战争有关的债务暂停 1 年的计划，并解释说，美国总统需要来自德国政府的请求，以便争取国内对此方案的支持。萨基特补充说，胡佛需要兴登堡总统发表一份描述德国目前遇到严重经济困境的声明，并暗示暂时减免债务的重要性。萨基特需要一份迅速的回应，因为胡佛总统想确保德国人认可他的计划。然而当时兴登堡总统仍在他诺伊德克的庄园里。德国方面开始起草文件，但这个过程非常困难，因为几位德国部长和其他高级官员都想发表自己的意见。晚上 8 点 30 分，兴登堡总统从诺伊德克传来了消息称他对这份文告大体认同，1 个小时后布吕宁和萨基特再次会面，目的是将草案最终确定下来。编写最终的文稿花了 4 个多小时。在柏林时间凌晨 2 点（华盛顿时间晚上 8 点），兴登堡的信被翻译成英文发送到白宫。（注 23）

事实证明，兴登堡的电报来得太晚了。胡佛的计划遭到泄露，白宫被迫在德国的公开请求到达华盛顿之前举行新闻发布会并发表澄清声明。但无论如何，球已经开始滚动[145]。以下是胡佛所做声明的开头："美国政府提议推迟 1 年支付政府间债务（包括赔偿和经过减免的债务的本金与利息），当然，这里不包括私人当事方所持有的政府债务。"（注 24）

胡佛（图 14）为何提出这项倡议？早在 1931 年 2 月，萨基特大使就曾要求他帮助柏林，但他当时无意采取大胆的行动。现在，他却突然下定决心采取行动。记录显示，胡佛总统对德国的担心已经持续了相当长的一段时间，并且他逐渐意识到，无所作为比冒险成本更高。德国的金融崩溃不仅会导致美国的私人信贷被冻结，还会破坏美国的经济稳定。考虑到这些因素，

145　这是一个英语谚语，意为开始一个程序或过程。

胡佛的声明完全是真诚的：“此举的目的是在即将来临的这一年实现世界经济的复苏，并帮助美国国内正在恢复的力量摆脱外国危机的影响。”（注 25）

图 14　美国总统赫伯特・胡佛

暂停赔偿的想法并不是一个新主意。自从希特勒在 1930 年 9 月的选举中赢得轰动全场的胜利以来，纽约和华盛顿就一直在围绕此问题进行讨论。参与德国事务的美国私人债权人一直在努力要求减少赔偿和所有其他与战争有关的债务。但是华盛顿的大多数政客都坚信，美国人民永远不会接受暂停偿付债务的想法。

1930 年 10 月，胡佛告诉美联储新任主席尤金 · 迈耶，减少债务从政治角度讲是不可能的。虽然没有说服迈耶，但直到 1931 年 5 月上旬，胡佛总统一直坚持自己的这一信念。（注 26）

然而，之后发生的一系列对话和事件促使胡佛转而思考难以想象的事情。5 月 6 日，他与在美国度了几周假的萨基特大使的谈话是促成这一转变的原因之一。“局势正在逐步走向高潮，”大使告诉总统，“我不认为现在有任何危险，但是坚信，除非经济风潮在秋季出现转机，否则德国局势必将崩溃。”胡佛问大使：“您认为在杨格计划下暂停赔偿能否带来好处呢？”萨基特确定地说：“我认为这会有所帮助。”胡佛答应研究一下情况，并在月底与萨基特再做讨论。萨基特随后与国务卿亨利 · 斯廷森共进晚餐，并向他重复了这一警告。第二天（5 月 7 日），胡佛要求商务部和国务院提供所有有关政府间债务、军事支出和贸易的信息。（注 27）

几天后，胡佛与斯廷森谈论了萨基特告诉他的事情。胡佛第一次暗示了一种可能，即“大萧条已经达到了相当的程度，这让整个政府间债务超出大萧条条件下的偿还能力”。在接下来的几天里，胡佛得到了关于奥地利信贷银行危机不断升级的消息，这加强了胡佛“必须采取一些措施”的直觉。他在日记中记录道：“这证实了萨基特关于那个季度存在危险的看法。”（注 28）

同时，胡佛联系了参加 5 月 4—7 日在华盛顿举行的国际商会会议的德国代表团。他清楚地感受到德国人“对前景持有最悲观的看法”。5 月 8 日，比利时代表团应邀在白宫参加晚宴。在他们看来，比利时的现状“还不错”；但轮到德国时，他们的评价变成了“很糟糕，不只是社会方面，还有经济方面”。（注 29）

尽管如此，此时，胡佛尚未做好采取实际行动的准备。他不是一个喜欢冒险的人，相反，他喜欢反思。“我意识到，总统只是遵循了他自己对此类主张一贯的心理反应，”斯廷森后来在日记中记录道，“在我和他一起经历的每一次重大危机中……他总是会经历一个特殊时期——在这段时间里，他会看到所有可能的困难，然后为此感到非常沮丧。”因此，当萨基特在乘船返回德国前于 6 月 2 日拜访白宫时，胡佛只给了他一个不置可否的回应，并解释说，美国需要协助解决这场危机，并且他本人可以向德国政府保证，美国将尽力提供帮助。胡佛把自己的观点告诉了萨基特，即美国可以根据大萧条背景下的偿还能力（暂且）回顾所有赔偿和债务问题，胡佛还建议萨基特在抵达德国后向自己汇报德国政府的反应。（注 30）

胡佛起草了第一份提议暂停赔偿的声明，并于 6 月 5 日与国务卿亨利 · 斯廷森、财政部长安德鲁 · 梅隆以及梅隆的副部长奥格登 · 米尔斯会面。虽然斯廷森很喜欢这个主意，但是梅隆和米尔斯完全不赞成。胡佛断定自己“需要更多信息”。他建议米尔斯去纽约与银行家做一些交流，并要求即将前往欧洲度假的梅隆在此行中自行进行调查。6 月 10 日，梅隆乘坐“毛里塔尼亚号”轮船启程前往伦敦。记者问他是否打算讨论赔偿问题，他回答说：“如果有人这样认为，我感到很抱歉，但我不打算讨论赔偿问题。”梅隆只是想与正在剑桥大学攻读研究生的儿子见一面。（注 31）

因“6 月 6 日宣言”和激进的布吕宁内阁宣称“我们强加于本国人民的贫困已经到达了极限”导致的德国货币危机，使胡佛最终被迫采取行动。6 月 13、14 日，当胡佛正在他弗吉尼亚州森林中名为“利帕丹”的简朴小木屋中度周末时，他接到了斯廷森和米尔斯打来的几通电话，他们报告说德国政府做出的声明“大大加速了中欧银行的存款挤兑，并且危机的发展速度比预期的要快得多”。胡佛还收到了仍在“毛里塔尼亚号”上的财政部长梅隆的消息，称“当下的情况万分危急”。梅隆已经完全改变了他的观点。（注 32）

6 月 15 日星期一，斯廷森向美国驻伦敦的大使查尔斯·道斯发了一则消息，告诉道斯在梅隆到达英国后应联系他，并鼓励他与英国首相麦克唐纳对话。梅隆于 6 月 16 日星期二晚上抵达伦敦，并说服道斯支持暂停赔偿的提议。随后梅隆与麦克唐纳和英格兰银行行长蒙塔古·诺曼进行了交谈，以征求他们对德国局势的看法，之后立即向华盛顿传达了他们悲观的看法。6 月 15—17 日，胡佛总统在西弗吉尼亚、印第安纳州、俄亥俄州和伊利诺伊州进行演讲之旅。胡佛意识到已经没有回头路了，所以在穿越中西部的火车旅行中，他与国会领导人进行了交谈。

他关于暂停赔偿的想法“落在了肥沃的土地上”[146]。胡佛还从柏林收到了一系列电报，萨基特在电报中主张迅速采取行动。胡佛于6月18日星期四回到华盛顿，随后继续与国会领导人进行会谈，出人意料的是，国会领导人认可了他的倡议。最初，胡佛希望在下周发布暂停赔偿的提案。（注33）

但事实证明，涉及面如此之广的计划不可能确保完全不泄露，尤其是在完成了国会咨询后。6月20日星期六晚上，在一些记者听说了该计划后，他举行了新闻发布会并将这一计划公开。

声明发布后，投资者做出了积极的反应。6月22日星期一，道琼斯工业平均指数跳升10%以上，并在周末前又持续上升了6%。消息传出后的第二天，阿姆斯特丹和伦敦的杨格计划债券价格上涨超过10%，巴黎的杨格计划债券价格上涨了7%。现在杨格计划债券已经恢复到6月6日德国发表宣言之前的价格。德国央行随即放宽了最近才推出的信贷限制，允许银行使用其黄金和外汇储备。（注34）

从政治角度来说，胡佛的倡议在柏林和伦敦受到了欢迎。英国首相麦克唐纳表示完全支持该倡议，英国媒体也做出了积极反应。《泰晤士报》在社论中指出：“胡佛总统在政府间债

146 作者在这里化用了《圣经》的一个典故。如果一个想法或计划“落在坚硬的地面上”，就意味着当权者不接受这个想法或计划，或认为它不会成功；而此处的想法“落在了肥沃的土地上”，意味着它已经被接受。

务和战争赔偿问题引发的全球性困境中发挥了明智的领导作用。如果有更多国家能够迅速且明智地采取一致行动，那么应该可以遏制一系列威胁欧洲经济、社会和政治结构的金融危机，这一行动所带来的反响将远远超出其本身的界限。”（注 35）

同样，德国主流媒体也认可了胡佛的暂停赔偿令。在公开讲话中，布吕宁总理对胡佛的倡议表示欢迎：“为了制止这场几乎波及所有国家的可怕危机，美国总统在周日采取了具有历史性意义的措施，并向那些将要被压垮的国家和人民提供援助，这让全人类深为感动。德国人民和德国政府衷心感谢胡佛总统的提议。我们在这份提案中看到了欧洲和德国的新希望。”（注 36）

只有德国的激进党派对此感到沮丧，因为他们希望的金融乱局并没有出现。戈培尔在他的日记中写道：“胡佛的提议让我感到痛苦。它会把我们的胜利向后推迟约 4 个月。这让我非常不舒服！德国的中产阶级竟这样愚蠢。”（注 37）

9 尾声

英国经济学家约翰·梅纳德·凯恩斯在胡佛宣布计划的两天后于芝加哥进行了一系列有关失业的演讲。鉴于胡佛的《胡佛计划》已经成为一个被广泛讨论的话题，凯恩斯计划在探讨这个话题之前先提出一些自己的观点。他认为这是“一项很好的政策”，但“并非最佳选择”。他认为，从短期角度看，该倡议存在一个主要问题，那就是它“要求法国做出重大牺牲”。因此，凯恩斯预测法国政府将“开始对这种牺牲进行抵制”。(注1)

凯恩斯是对的。尽管大多数欧洲国家的政府对胡佛延迟偿还债务的倡议表示欢迎，但法国人却不愿意这样做。法国驻华盛顿大使保罗·克洛岱尔的第一反应是致电巴黎，他认为该倡议“带有美式做事风格特有的突然和夸张特点，而且毫无疑问，这份倡议是对银行家所施压力的回应”。法国媒体的反应与此类似。“右派”的《费加罗报》嘲笑胡佛的计划是“一份令人非常不安的即兴外交文件”。和克洛岱尔一样，《费加罗报》也认为胡佛是华尔街的提线木偶。与巴黎商业界关系密切的自由派人士欧仁·洛捷认为，《胡佛计划》是“胡佛总统对我们国库的攻击”。亲法国政府的《时报》虽更加克制，但也认同洛捷的立场。与这些“右派”形成鲜明对比的是，法国左派刚开始的反应是积极的。莱昂·布卢姆欢迎胡佛的计划，希望国际金融合作能促成一轮裁军。然而，仅仅在两天后布卢姆就表现出了比“右派”更加怀疑的态度，他谈到“需要避免任何的混乱”，并坚持要求德国继续支付至少一部分的赔偿。与社会主义工人运动关系密切的《新时代报》写道：“胡佛先生用他指挥尼加拉瓜的方法对法国下达命令，希望法国表现出尼加拉瓜般的顺从[147]，整个世界都为我们感到惊讶。”通过追踪事件的发展进程，许多法国政客怀疑他们是英德阴谋的受害者。6月21日星期日，法国财政部长弗朗丹在巴黎的一次招待会上对美国驻法国大使沃尔特·埃奇表示：“在梅隆先生出席伦敦会议以及契克斯会议后如此短暂的时间内就发表了这份声明，这不得不引起议会内部的一些质疑。”虽然弗朗丹自己认为这是个阴谋论（美国大使因此得以安心），但是他明确指出，法国议会中有一些代表认为这则公告是将法国排除在外的秘密会议的结果。（注2）

华盛顿方面意识到他们将很难克服法国的抵抗情绪，因此加快了《胡佛计划》的有关行动。6月22日星期一，美国国务卿斯廷森与在伦敦的财政部长梅隆联系，要求他尽快前往巴黎。“尽管我们也不喜欢这样闯入您的假期生活，但我们认为，这

147　尼加拉瓜在1912—1933年被美国占领。

次访问比其他任何事情都更能确保法国人接受我们的倡议。”美国国务院显然没有同情法国的立场。国务卿助理卡斯特尔在他 6 月 23 日的日记中写道：“现在法国人是世界上最绝望的人。房子已经着火了，他们却还在对我们提出的解决方案吹毛求疵。”（注 3）

6 月 24 日星期三，法国政府详细说明了为何拒绝当前版本的胡佛倡议。首先，法国坚决反对暂停杨格计划中所谓的无条件年金——根据协议，这部分赔偿在任何情况下都不应被中止。其次，法国政府认为，如果《胡佛计划》成真，“很有可能动摇人们对签字和合同的价值的信心，从而违背总体目标”。法国政府还怀疑“暂停赔偿只能提供一种不充分的补救”。法国政府在其他地方看到了问题的根源：“现在正在威胁德国经济（更广泛地说，还有欧洲经济）的危险另有原因，对信贷和外国资本撤离的限制是尤为关键的因素。因此，解决德国危机的办法不仅仅在于减少德国预算开支，还在于扩大信贷规模。”（注 4）

为了让自己的提议看起来具有建设性，法国政府提出了自己的计划。它建议德国照常向国际清算银行支付无条件年金。但是法国政府将把自己应得的部分年金捐出，提供给德国和中欧其他遭受危机困扰的国家的私营企业，而不是将其用于国内。该计划还预计，在暂停赔偿之后的第二年，德国人需要偿还这笔钱。法国人认为，通过这种方式，无条件年金这一杨格计划的法律核心得以保留，并且在短期内不会引起经济危害。（注 5）

正如美国大使埃奇在华盛顿对他的上司说的那样，法国内阁之所以反对《胡佛计划》，是因为他们预计到议会将提出反对。德国驻法国大使利奥波德·冯·赫施也得出了同样的结论。6月24日，他向柏林发了一份电报："我的总体印象是，法国现在充满了非同寻常的骚动、怨恨和紧张情绪。只有亲身经历了法国本地的这种氛围，才能体会到法国人这种'法国政界被胡佛的倡议所抛弃'的心态。"他还引用了法国众议院副主席前一天对他说的话："自停战协定签订以来，法国议会从未有过如此动荡的状态。"（注6）

大使的观察结果一点也不夸张。从6月26日星期五下午3点开始，法国众议院进行了非常激烈的辩论，直到第二天早上6点30分，这场辩论才结束。最终对内阁的不信任投票有386票反对、189票支持，内阁得以留任。但是，法国总理皮埃尔·赖伐尔明白，在受到几位发言人的责问后，他现在的回旋余地很小。他的内阁之所以能幸存下来，只是因为社会主义者和他的反对派支持他，他自己的执政联盟中则有数十名代表不赞成他的提案。辩论结束后，赖伐尔告诉德国大使冯·赫施，如果他自己还想继续执政并拯救《胡佛计划》，就需要一个德国部长代表团尽快来巴黎。（注7）

鉴于法国议会的强烈反对，期望法国和美国之间迅速达成任何谅解并不现实。绝大多数法国议员反对暂停无条件年金。就美国人而言，他们有以下两个理由拒绝法国提出的倡议：首先，德国政府在《胡佛计划》结束后的第一年必须支付比其之前更高的赔偿。在美国人看来，“这样的主张不包含救济德国的成分”。其次，法国政府希望这笔被减免的本应交付于国际清算银行的资金不只用于德国，其他与法国结盟的中欧国家（如波兰和捷克斯洛伐克）也得到援助。相比之下，美国人坚信德国需要尽可能多的救济。（注 8）

此外美国人还担心，通过拖延这一进程，法国政府正在抵消这份《胡佛计划》带来的心理效果。早在 6 月 21 日星期日，国务卿斯廷森就向法国驻美国大使克洛岱尔解释说：“时间至关重要，这是一场关于信心和信用的危机，因此，心理因素在其中发挥了很大的作用。”斯廷森提醒克洛岱尔，胡佛提议的中心思想是“让明智的债权人给债务人一些时间，而《胡佛计划》的目的是为中欧各国的政府债务人留出 1 年的时间，让他们得以喘息和恢复，并重新站起来”。这项警告显然没有达到预期的效果。（注 9）

美国总统如果选择其他方法，是不是就可以实现他的目标了呢？毫无疑问，胡佛的倡议是非常唐突的。法国政府有充分的理由认为自己受骗了。此外人们还怀疑，为期仅 1 年的暂停计划是否能结束一场世界范围的大萧条。另一方面，德国危机已经病入膏肓，需要美国迅速行动加以解决。而与巴黎方面的磋商需要时间，这会让媒体有机会泄露消息，进而破坏金融市场。更重要的是，在法国，拒绝向德国妥协的想法已经深入人心，因此无论法国人收到什么样的提议，都一律不会采纳。撤离莱茵兰后的经历令他们感到痛苦。大多数法国公民认为，德国领导人利用了他们的慷慨。他们不明白，巴黎为什么应该帮助一个将法国的妥协理解为软弱可欺的国家——至少从法国的角度看是这样的。（注 10）

面对法国公众如此负面的情绪，即使是总理赖伐尔和外交部长白里安这样重量级的政治人物也无能为力。当提议采取与比利时政府相同的行动方式（原则上接受《胡佛计划》，同时将细节谈判推迟到下一轮）时，他们只得到了 3 名内阁成员的认可：财政部部长弗朗丹、殖民地部[148]部长雷诺和国民经济部副部长弗朗索瓦－蓬塞。在议会辩论中，同样的问题依然存在。甚至财政部长弗朗丹提出的论点（“德国人宣布单方面暂停赔偿”将是《胡佛计划》的替代方案）也未能说服代表们。（注 11）

考虑到这些强烈的反对意见，“债务数量”对法国政府不利的说法已经是次要的了。的确，在欧洲列强中，法国必须处理最大的净亏损（表 9.1）。但是，即使现在有一份更好的协议，也无法消除法国的疑虑。因为法国真正担心的不是金融问题，而是如何在一个日益动荡的邻国旁边保障自身安全，况且这个邻国在人口和经济两方面都比自己更胜一筹，这些早晚都会转

148　“殖民地部”（法语：Ministère des Colonies）负责协调法国海外殖民地政府的行动，参与制定适应殖民地情况的规章。1946 年，该部门更名为“海外部”（法语：Ministère des Outre-mer），并一直存留至今。

化为军事优势。为了解决这一矛盾，赔偿是法国唯一能用来延迟德国获得统治地位的手段。

尽管法国有自己的理由，法国的政客也有充分的理由表现得不情不愿，但他们并非完全没有责任。几个月来，法国驻柏林大使馆一直在向外交部通报德国境内正在发生的崩溃。例如，在 5 月 7 日，金融专员曾向巴黎发出警告，他认为在 6 月中旬到 8 月初之间，赔偿问题会在德国社会受到质疑。但法国政府从未认真制订过计划，也未与英美共同采取行动。尽管许多法国政客已经意识到自己的国家越来越被孤立，也发现了全球大萧条已经从根本上改变了世界原有的架构，但法国依然在捍卫现状。法国不断重复提出自己仅有的一个方案——为德国提供长期贷款，换取德国做出政治让步。但法国一直很清楚，布吕宁不愿（或者不能）满足法国的条件，否则他会立即遭到免职。（注 12）

法国人保守的原因之一，是他们无法理解德国的萧条程度和随之而来的政治激进化。许多法国政客、新闻工作者和其他公众人士反复指出，德国政府正在夸大自身的问题。即使是在促使纳粹党崛起的灾难性选举之后，法国的强硬派仍然继续占据上风。因此法国对改变没有足够的紧迫感。（注 13）

表 9.1　胡佛计划对德国及其重要债权国的财务影响

国家	被暂停的收入（单位：千英镑）	被暂停的支出（单位：千英镑）	净损失(－)或净收益(＋)（单位：千英镑）
美国	53600	无	-53600
英国（注）	42500	32800	-9700

（续表）

国家	被暂停的收入（单位：千英镑）	被暂停的支出（单位：千英镑）	净损失（－）或净收益（＋）（单位：千英镑）
法国	39700	23600	-16100
意大利	9200	7400	-1800
比利时	5100	2700	-2400
德国	无	77000	+ 77000

注：英国较其他战胜国拥有更多的借方余额[149]，这是因为英国自治领的战争债务、重建债务和不属于贝尔福照会[150]的其他项目的债务也被归入了英国的统计账户中。

（资料来源：1932 年 11 月 12 日《经济学人》，《战争债务补编》第 10 页）

与此同时，胡佛的忍耐快要到极限了。他做出指示，要求财政部长梅隆和美国驻法国大使埃奇对法国总理赖伐尔和财政部长弗朗丹施加压力，同时要求国务卿斯廷森立即准备前往欧洲，以便提供外交支持。美国和英国要求德国做出让步，以让赖伐尔内阁有理由调整政策方向。国务院向美国驻德国大使萨基特解释说："如果越来越多的人对德国人产生了'所求甚多，却一毛不拔'的印象，那将会非常不幸。"随后，柏林传来了令人沮丧的第一反馈信息。但是萨基特仍在继续与总理进行对

149　这里指的是表格中的"被暂停的支出"一项。

150　1922 年 8 月 1 日，由英国代理外交大臣亚瑟·贝尔福签署的"贝尔福照会"被传达给了英国的债务国（包括法国、意大利、南斯拉夫、罗马尼亚，葡萄牙和希腊）。贝尔福声称，这些国家应该偿还从英国财政部获得的贷款，同时英国要求德国支付赔偿，以便本国偿还欠美国的债务。

话。（注 14）

一方面，从 6 月 27 日星期六开始，各方在巴黎进行了超过一周的谈判。谈判的过程非常复杂和烦琐，以至于白里安经常会在谈判过程中睡着，而赖伐尔和弗朗丹则不得不与内阁协商，并估计议会的投票情况。另一方面，梅隆和埃奇必须通过电话与在华盛顿的官员讨论每一个细节。但不巧的是，美国驻法国大使馆当时正在装修，76 岁的梅隆只有两个选择，要么使用地下室的电话，要么使用大使夫人卧室里的电话。此外，布吕宁不愿进行妥协，这也让讨论变得更加复杂。（注 15）

最终，他们达成了协议，这要感谢三件事情。第一，赖伐尔需要一直等到 7 月 4 日议会休会后才能全权处理此事。这绝非易事，一些代表试图推迟休会。在激烈的辩论中，“右翼”代表与赖伐尔之间发生了互殴。但最终，总理在身体上和政治上都取得了胜利。（注 16）第二，美国向德国施加了压力，让德国政府向法方立场靠近。7 月 2 日，布吕宁与萨基特进行了一系列对话，当日傍晚，他又参加了内阁会议，随后发表了一份书面声明，宣称“从未考虑过，也不会在假期期间增加对陆军和海军的拨款”。几天后，在布吕宁的同意下，这份声明于 7 月 5 日发布。（注 17）第三，胡佛改变了他的策略。在 7 月 5 日前，他对法国的立场一直感到非常恼火，以至于中断了在弗吉尼亚避暑别墅的假期返回了华盛顿。到达白宫后，他对顾问们说：“我们不在乎法国人对我们的方案有什么看法，我们只需要他们回答‘同意’或‘不同意’。”财政部副部长米尔斯强烈反对胡佛的这一新策略，而参议员里德和国务卿助理卡斯特尔则表示支持。米尔斯甚至说胡佛正在“把世界带向毁灭”。但总统依然坚持自己的策略。（注 18）

总的来说，通过对法国和德国政府施加压力，胡佛得到了他想要的东西。（注 19）第二天（7 月 6 日星期一），法国政府同意了胡佛的方案。胡佛唯一做出的让步是让德国正式向国际清算银行支付无条件年金，并且他埋葬了法国的提案（部分年金必须交给与法国结盟的中欧国家）。所有的钱都将流向德国。此外，胡佛还推翻了法国人的主意（德国应在《胡佛计划》结束后的最多一年内支付延误的款项）。赔付的时间表变得更加慷慨，德国被允许分十期偿还。（注 20）

当协议达成的消息传到柏林时，总理府里欢愉的气氛也变得相当压抑了。国务秘书平德尔在日记中写道：“难以相信，胡佛的《胡佛计划》终于得到了通过。过去几周的谈判令人恐惧。我一生中几乎没经历过如此恐怖的日子。”（注 21）

柏林之所以做出这样清醒的反应，是因为自法国政府阻止快速通过《胡佛计划》以来，德国就处于急剧恶化的处境中。（注 22）6 月 26 日星期五，资本重新开始流出（表 9.1）。7 月 4 日星期六，即《胡佛计划》获得通过的两天之前，德国央行行长路德警告总理布吕宁，如果储备金以与之前相同的速度继续流失，德国就无法偿还 7 月 15 日到期的赔偿。（注 23）

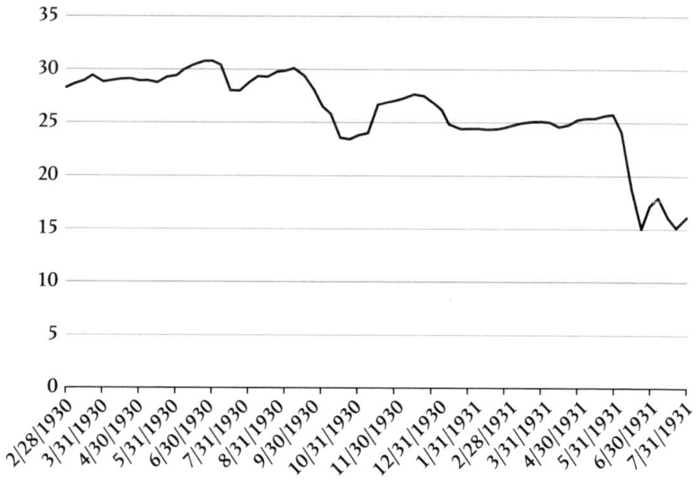

统计图 7　德国央行总准备金

6 月下旬时，德国央行从英格兰银行、法兰西银行、纽约联邦储备银行和国际清算银行收到的总计 1 亿美元的央行信贷已经所剩无几。无论如何，央行信贷从一开始就是失败的。这三家央行和国际清算银行没有将巨额贷款用来打消市场疑虑，而只是提供了 1 亿美元，这笔钱还需要在 7 月 16 日之前偿还。路德甚至无法在媒体前保守这一令人失望的秘密。他认为，这笔数额很小的款项是尴尬的存在，它加剧而非打消了投资者的疑虑。7 月 5 日，路德在绝望中采取了措施，将黄金贴现银行（德国央行的子公司）前一段时间收到的来自美国的 5000 万美元贷款转入央行的外汇储备，从而避免了央行备付金率降至 40% 以

下。（注 24）

此外，布吕宁内阁还在 7 月 1 日获悉，诺德沃勒公司的损失高达 2 亿马克，而不是 6 月中旬报告中的 5400 万马克。政府官员对这一消息感到震惊。在 7 月 4 日的一次内阁会议上，经济事务部部长恩斯特·特伦德伦堡解释了诺德沃勒公司倒闭会带来的后果："它将带来一场经济灾难，其规模会是我们长期以来都没有经历过的，即使从国际层面来说也是如此。"现在只有政府的介入才能阻止达纳特（诺德沃勒公司最重要的债权人）进入破产程序。但是在当下，没有人清楚应该如何弥补这一巨额亏损。更糟糕的是，瑞士《国家报》的柏林特派记者在一天后写道，"德国的大型银行之一陷入了困境"；之后的报道又揭露，"那就是达纳特"。现在，每个人都知道达纳特遇到了严重的问题。（注 25）

现在其他银行也处于破产的边缘。7 月 4 日，不来梅市参议员告知政府施罗德银行陷入困境。施罗德银行的总部位于不来梅，与达纳特一样，它与总部同在不来梅的诺德沃勒公司有紧密的业务往来。与此同时，莱茵州立银行正在因自身日益严重的问题而感到不堪重负。6 月下旬，德国央行在督促下发放了贷款，但这仅提供了暂时性的救济。7 月 1 日，莱茵州立银行被迫停止跟进付款。7 月 6 日，布吕宁在一次电话会议上透露了莱茵州立银行已经破产，他恳求各位部长保守这一秘密："就涉及数额而言，它甚至超过了诺德沃勒公司。无论如何，我们的恐

惧都不应该走出内阁。”（注26）

央行行长路德手中还有两个办法。第一个办法是建立一个担保集团，让资产超过500万马克的德国银行和公司同时对其提供支持。该集团将在德国黄金贴现银行的领导下提供5亿马克的抵押担保。虽然该集团成立的时机很合适，但未能阻止资本外流。（注27）路德的第二个办法是从外国央行那里获得更多的信贷。为此，路德需要前往伦敦与英格兰银行进行谈判。英格兰银行的行长蒙塔古·诺曼试图劝阻路德，表示自己无能为力。但是路德不接受这一答案，依旧在7月9日星期四早晨离开柏林。为了避免谣言进一步破坏德国货币的稳定性，他试图对自己的行程进行保密。他的计划在从柏林到阿姆斯特丹的航程中尚且奏效，但在从阿姆斯特丹到伦敦的航程中却不起作用，即使他使用了假身份。伦敦的媒体发现此事，并于正午在克罗伊登机场等待他的到来。现在，每个人都知道德国正拼命寻求另一种外国过渡性信贷。（注28）

当天中午，达纳特银行负责人雅各布·戈尔德施密特前往柏林拜访总理，并交给他一封信，信中描述了本行正在经历的绝望局面。随后，布吕宁与各部长、邦级秘书、央行官员和银行家进行了一连串会议，直到午夜。在一天将尽之时，总理召集了他的亲信来讨论各种选项。大家达成了一个共识，即在周一晚上到来前没有理由担心，因为德国央行有向银行系统提供流动性的权力和手段。但是布吕宁和他的亲信们没有对周一以后会发生的事情

做安排。他们认为，德国到那时会收到英格兰银行和其他欧洲央行的新信贷，情况将会有决定性的改善。（注29）

第二天早上（7月10日星期五），布吕宁收到了路德的消息：英格兰银行反对央行信贷。路德在伦敦的维多利亚车站与英格兰银行行长蒙塔古·诺曼会面，并随他一同踏上前往瑞士的旅程，参加将于周一在瑞士举行的国际结算银行会议。诺曼的负面回应在柏林引起轩然大波。德国外交部国务秘书伯恩哈德·冯·比洛在与外交部长舍费尔的电话中对路德的失败表示愤慨，舍费尔同意情况已经变得“非常严重”，他认为，如果没有各国央行信贷的支持，“麻烦的事情”就会发生。事实证明，局势可以得到控制的假设是完全错误的。（注30）

路德在加来[151]与诺曼告别，随后前往巴黎，试图说服法国官员挺身而出支持央行信贷计划。然而就像在伦敦一样，媒体对路德的行程十分了解。7月10日星期五早晨，当路德与法兰西银行行长莫雷特会面时，媒体对法兰西银行发起了围攻。莫雷特对媒体的这种宣传感到非常不满。毫不奇怪，莫雷特随后便表示反对央行信贷，并且给出了那个已成为全法国统一标准的答案：德国当局需要采取措施，安抚受到侮辱的焦虑的法国公众，并确保国际金融市场的安全。路德回答说，如果央行信贷足够多且长期有效，那么它会产生部分人心理预期的效果。

151 加来（法语：Calais）是法国北部海滨城市，靠近加来海峡，距离英国本土最近的城市仅有38千米，有通往英国的轮渡航线。

然而莫雷特不会做出让步。（注 31）

此后，路德被邀请在克利翁酒店与法国高级官员共进午餐。谈话再次进入了复读模式。法国方面继续暗示德国人仍过着高于平均水平的生活，路德则以布吕宁政府已经采取了紧缩措施为由，不接受这一说法。最后，法国要求德国方面采取政治行动，以促进双方合作。路德在下午会见了法国财政部长弗朗丹（他也反对为德国提供任何无条件的帮助），当被问及德国还能坚持多久时，路德回答说不应该按周计算，而是一天。弗朗丹虽然表示同情，但仍没有给出一个明确的答案。在巴黎之行将要结束时，路德又与莫雷特进行了一场对话，但依然没有取得明显的进展。随后，他致电柏林的总理府，报告说自己的巴黎访问之行没有取得任何结果。（注 32）

7 月 10 日星期五晚上，在柏林的美国驻德国大使馆，舍费尔、冯·比洛和德赖泽帮助萨基特大使起草了一封给胡佛的电报。他们希望白宫支持纽约联邦储备银行向德国央行提供信贷的计划。舍费尔告诉萨基特，如果华盛顿方面在周日上午前没有进行正面回应，那么至少会有一家大型德国银行和多家储蓄银行将被迫在周一早晨关门，这一结果很可能会引发骚乱。冯·比洛以其鹰派的外交政策立场而闻名，他甚至暗示，如果白宫或纽约联邦储备银行能够提供帮助，德国可以在海关同盟和袖珍战列舰 B 问题上做出让步。（注 33）

第二天（7 月 11 日星期六）临近中午时，布吕宁召集了他的经济团队。可以预见，情况又进一步恶化了。经济部长特伦德伦堡解释说，达纳特银行可能会在一天内崩溃，这取决于其股价下跌的幅度。因此，从美国获得央行信贷的任务显得越发重要。故内阁决定直接与纽约联邦储备银行行长乔治·哈里森和德国前战争赔偿总代理帕克·吉尔伯特（现在是摩根大通的合伙人）取得联系。此外，外交部被授权向德国驻英国伦敦、法国巴黎、意大利罗马和美国华盛顿的大使发出指示，请各位大使促使各国关注德国的严峻形势。目标是施加尽量多的压力以获得经济援助。（注 34）

下午，达纳特银行将无法于下周一开门的消息传到了政府。政府还收到了莱茵州立银行流动性不足的确认信息。德国政府必须召开另一次紧急会议。傍晚 6 点，布吕宁和经济团队再次会面，德国央行行长路德刚在滕珀尔霍夫机场着陆，也匆匆赶到了会议现场。德国央行的一名高级官员在会议上做了报告，说自己之前与纽约联邦储备银行的乔治·哈里森进行了电话交谈，但是双方完全没有达成任何结果和意向。德国政府需要自行解决金融和货币问题。（注 35）

接着，经济团队转向最急迫的问题：达纳特银行的失败。总理和他的顾问们必须回答的关键问题是，如何限制性地保护银行。布吕宁意识到这一问题的矛盾之处：一旦政府公开指出达纳特是最薄弱的环节，救援行动就有可能会加速其破产，而在第二轮中，这可能会演变为一场全面的德国银行业危机。经济部长特伦德伦堡简述了三种方案：一是德国为达纳特的信贷提供担保；二是德国为达纳特的债务提供担保，这一举措可能与延期偿付相结合；三是其他大银行在德国的支持下，向达纳特提供 1.5 亿马克资金。

随后，德国政府内部展开了激烈的讨论，三种方案中的每一种都能找到自己的支持者。这位变幻无常的总理一如既往地不愿选择自己的立场，但他相信，救援行动必须得到金融界和行业领袖的支持。于是，周六晚上通常很安静的威廉大街突然变得活跃起来，汽车一辆接着一辆，将各位顶级银行家和实业家送至总理府前。会议于晚上 9 点 30 分开始。由于来宾众多，会议室里挤满了人，银行家们感到有些不安。在到总理府之前，每个人都以为总理只邀请了自己与内阁成员讨论局势。然而恰恰相反，最终有约 50 个人一起挤在会议室里。事实上，整场讨论非常混乱，各位银行家和其他专家在每个问题上都有分歧。布吕宁推进各方共识的计划落空了。最终，这场讨论在凌晨 1 点 15 分结束，总理用两句话进行了总结："银行的状况比我们预期的更糟。我们几乎听不到任何有用的建议。"（注 36）

7 月 12 日星期日上午 11 点 50 分，布吕宁又一次召集了他的经济团队。坐在会议桌旁的每个人都清楚，在星期一的太阳升起前，他们必须定出一份解决方案。否则，达纳特银行破产将引发银行业危机。国务秘书冯 · 比洛报告说，华盛顿的主流看法是德国必须自己拯救自己。之前发送给白宫的电报完全无法打动总统。德国央行行长路德宣布，德国央行已经开始“以最严厉的方式”对信贷进行定额分配，以保护央行剩余的黄金和外汇储备。这意味着德国银行体系将会因流动性短缺而受到挤压。经济部长特伦德伦堡对此表示抗议，他提倡引入一种替代支付方式以维持经济。布吕宁赞同这个想法，但认为现在还不是认真考虑它的时候。（注 37）

内阁正在考虑多种挽救达纳特银行的方法，但又有一件令人出乎意料的事情发生了：德意志银行总裁奥斯卡·瓦塞尔曼拜访了总理府，他告诉布吕宁一个消息——德累斯顿银行也将要倒闭了。显然，仅制定针对达纳特银行的解决方案是不够的，内阁必须采取一个更宽泛的办法。布吕宁要求各部委起草一项紧急法令，授权政府保障所有处于困境中的银行的存款安全。会议于下午 1 点 50 分结束。（注 38）

下午 4 点 30 分，布吕宁再次召集内阁会议。首先，会议决定在周一和周二关闭所有证券交易所。其次，在进行了广泛讨论之后，会议批准了紧急法令的措辞成稿，并发送给了正在诺伊德克消夏的兴登堡总统。该法令由四段组成。法令规定，政府有在危机时期对银行系统进行干预的广泛权力。最后，内阁讨论了对该法令的监管法规。在存款保证金应多高的问题上发生了分歧。在做出最终决定之前，一直犹豫不决的总理还想再次与银行界交换意见。虽然前一天晚上双方未能达成共识，但这并没有阻止他采取相同的方法。（注 39）

靠近内阁室的一间所谓“国家大厅”的房间是本次会议的会场。这次，有将近 100 名银行家前来赴会，比预期的数量多了很多。本次会议的秩序比前一次的更加混乱。布吕宁介绍了紧急法令草案，这引发了银行家们的强烈抗议。他们坚决反对由政府来控制所有破产银行的紧急法令。在他们看来，只有达纳特银行存在问题。布吕宁反驳道：“不仅达纳特，德累斯顿银行也有问题。”德累斯顿银行的代表愤怒地否认了这一说法，但布吕宁随即透露，瓦塞尔曼已经告知他有关德累斯顿银行的严峻形势，瓦塞尔曼也解释说，自己是受德累斯顿银行的委托将这个消息告知总理的。德累斯顿银行的经理们再一次否认了这一说法，并认为是瓦塞尔曼捏造了这一切。场面完全陷入了混乱中。布吕宁很生气，不停地把拳头捶向桌面，并批评银行家，认为他们举止不恰当，而且话语缺乏明确性。然后他回到内阁会议，告诉各位部长，情况再次发生了变化。（注 40）

内阁接受了德累斯顿银行经理递交的声明，随后便将精力集中在处理达纳特银行的问题上，并同意为其国内外储户提供无限担保。下午 6 点 30 分，各大银行的总经理被邀请参加内阁会议。布吕宁和经济部长特伦德伦堡向他们介绍了新的达纳特银行救援计划。双方再次出现分歧。德意志银行总裁瓦塞尔曼抱怨道，紧急法令草案的目标仍然是所有德国银行。在他看来，草案只需要把重心放在达纳特银行上就可以了。他还抨击了德国央行对信贷定额分配的决定：“这些限制意味着德国信贷体系将会被摧毁。”路德回答说，他别无选择。他如果想防止备付金率降至 40% 这个法定最小值（该数值是维持金本位的要求）以下，就需要停止向银行体系提供现金和外汇储备。在失去对辩论的控制权之前，总理布吕宁要求各位银行家进行一次单独的磋商，然后将他们讨论得到的结论告诉自己，同时他们还要清楚地说明自己所属机构的财务状况。（注 41）

当在场的各位银行家离开会场后，内阁继续进行讨论。晚上 9 点 15 分，德国前央行行长亚尔马·沙赫特也加入了会议。沙赫特对银行亏损的规模感到震惊，并对总理府中的“巴比伦混乱”局面感到惊讶，他不同意布吕宁所采用的方法。他提出了自己的建议：保护小储户，清算达纳特（在不偿付包括外国债权人在内的债权人的情况下）。他认为，在现代信贷制度中，当亏损出现时，不仅要对债务人进行追究，债权人同样要承担金融责任，这是很重要的。特伦德伦堡和舍费尔随后抨击了沙赫特的不负责任，认为让达纳特破产将引发银行业的全面挤兑。他们取得了胜利。（注 42）

在进行了激烈的交锋后，银行家之间达成了共识——他们希望能安排至少一天的银行休息日，同时批评紧急法令中的方法过于宽泛、一刀切。连同德累斯顿银行在内的大部分银行一起宣布仍有偿付能力。布吕宁将这些消息告知了内阁。由于时间因素的限制，路德和舍费尔认可了银行休息日的想法，内阁也表示同意。银行休息日的问题解决后，布吕宁想解决银行家对紧急法令存在的疑惑。为此，内阁邀请德国商业银行常务董事弗里德里希·赖因哈特参加会议。后来，其他银行家也加入了讨论。会议上，他们仍然坚持“针对整个德国银行业”的紧急法令是不可接受的，而且出人意料地一并拒绝了银行休息日的想法。他们认为，关闭达纳特足以阻止银行挤兑。内阁注意到他们的保留意见[152]，并将他们送回了房间。

晚上 11 时 15 分，内阁继续进行审议，最终决定先于周一关闭达纳特，然后发布紧急法令，以便为政府干预提供必要的法律依据。为了安抚银行家的情绪，紧急法令的第一段第一句包含了“考虑到达姆施塔特国家银行”的字样，以此表明德国不存在普遍的银行业问题。内阁还接受了银行家的建议，暂时搁置一般性公共假期的想法。随后内阁及时联系了诺伊德克的兴登堡总统办公室，告知之前发给他们的法令草案已经过时，最终版本将在第二天早晨发给他们。（注 43）

在内阁做完以上的所有决定后，布吕宁回到了会议现场，将结果告诉了在场的各位银行家。他们表示接受这一结果，然后离开了总理府。同时，一些部长也确信协议已经达成，因此离开了总理府。但是，他们还需要召开一次内阁会议，因为目前尚不清楚达纳特会如何公布自己临时关门的消息。达纳特的

152 “保留意见”是指某个人或某些人不（完全）同意他人对某事物的意见和处置方式，但暂时不能或不愿意表达出来，也无力改变他人的意见或处置方式，只好自己留有对该事物的意见。

负责人戈尔德施密特仍在总理府中，他催促布吕宁同意一件事情，那就是允许本银行在子公司的门上悬挂海报，借以说明德国政府会对该银行的所有存款提供担保。（注 44）

正如之前提到的，一些部长已经回到了家中，因此布吕宁不得不给他们打电话，把他们从家中的床上叫回总理府。然而，并非所有人都回到了总理府，那些重新出现的人也有些不满，尤其是财政部长迪特里希，他很难让自己平静下来。内阁会议于凌晨 0 点 40 分开始，路德和沙赫特继续留在现场担任无表决权的会议顾问角色。最终，内阁批准了以下文本。“达姆施塔特国家银行宣布，被迫于星期一关门歇业。德国政府已授权达姆施塔特国家银行发表以下声明：政府将根据今天发布的总统紧急法令对银行所有的存款和负债提供担保。鉴于事态发展，建议今天和明天关闭股票交易所。”此时，戈尔德施密特正在总理府内的另外一个房间里等待最终决定，在得知这一消息后，他心里的石头终于落地了。（注 45）

这份声明于凌晨 3 点发布。同时，路德进行了最后一次取得央行信贷的尝试。在当天深夜，他飞往巴塞尔，参加国际清算银行组织的会议。（注 46）

10 希特勒的崛起

这些措施是否足够应对德国银行业的危机？开始时，该计划似乎奏效了。在早晨前往总理府的路上，国务秘书汉斯·舍费尔注意到银行前没有人排队。他与路过的行人进行了短暂交谈，感觉人们对纳达特银行暂时关门的消息反应平静。上午 9 点 30 分，布吕宁和各位部长正在开会，他们感觉自己在前一天晚上做出了正确的决定。（注 1）

然而，当内阁最终确定救援行动的正式内容时，一场银行挤兑正在酝酿中（图 15）。每个小时都有大批人进入一家又一家的银行，他们在柜台前要求取回他们的存款。从早上 11 点 30 分开始，柏林银行只能支付客户要求提现额的 20%，而储蓄银行则推出了每位客户最高 100 马克的取款额度。柏林市长来到总理府向在场的人说明柏林地方储蓄银行已经损失了 700 万马克，只剩下了 100 万马克的现金。科隆和汉堡的情况则更为严重——银行甚至停止了所有的支付活动。各大银行的经理们非常震惊，要求与总理会面，但总理拒绝接待他们。布吕宁很生气。他之所以会在前一天晚上妥协，是因为相信各位银行家的判断。现在，布吕宁告诉他们自己很忙，他们应该去找财政部和经济部的高级官员讨论此事。银行家们解释说，他们被迫关闭了各地分行，因为如果不这样做，“他们将无法承受预期的风暴”，现在，他们要求增加两天的公共假期，这与他们前一天的要求相反。（注 2）

图 15　1931 年 7 月 13 日柏林发生的银行挤兑

晚上 7 点，布吕宁召集了他的经济团队。他们同意宣布一般性公共假期，并立即将紧急法令的文本发送给了在诺伊德克的兴登堡总统。在兴登堡批准后，晚上 10 点，布吕宁召集所有部长就执行紧急法令的监管规定进行讨论。在会议上，德国央行的一位高级官员告诉大家，英格兰银行、法兰西银行和美联

储都不愿意提供额外资金来支持德国。路德匆忙的巴塞尔之行完全失败了。（注 3）

晚上 10 点 30 分，布吕宁召集内阁举行例会，他们需要决定监管规定的有关事项。德国没有得到贷款——能够支持银行体系的“外部生命线”。内阁决定宣布星期二和星期三为公共假期。在会议结束时，布吕宁以悲观的语调发表了关于经济前景和国际关系的未来的演讲：“我们的不幸已经影响了整个欧洲市场。华沙、里加和布达佩斯的股票交易所今天已经关闭，英格兰也度过了阴沉的一天。法国人需要做出让步并提供帮助——而且要在不加条件的前提下。如果他们不这样做，完全不同于资本主义的东西就会出现在欧洲，没有人会比法国人更害怕它。”财政部国务秘书舍费尔在他的日记中写道：“一直到凌晨 2 点 30 分，都在止不住地颤抖。”（注 4）

布吕宁的悲观情绪自有其道理。7 月 14 日星期二，内阁收到了德累斯顿银行即将倒闭的消息。一天后，为了阻止资本外逃，内阁采取了外汇管制措施，有效地结束了德国货币的金本位制。受惊的投资者开始出售自己持有的资产，从而引发了全球清偿危机：在巴黎，证交所的股价暴跌；在伦敦，因为英格兰银行外汇储备面临枯竭，英镑兑法郎的汇率下跌了 1%。《经济学人》观察到，“外汇市场陷入了完全混乱的状态”。（注 5）

在柏林，气氛突然变得紧张起来。英国驻德国大使朗博尔德说：“7 月 16 日，当我回到柏林时，空荡荡的街道和城市上空弥漫着的不自然的沉默氛围给我留下了深刻的印象，其中很多景象我曾在战争爆发前的英国见到过。但是，两者间有一个本质区别，即这次的紧张局势似乎无法通过行动表现出来。现在占据主流的依然是‘东方嗜睡症’[153]和‘宿命论’[154]的混合体。”（注6）

诚然，德国政府很好地控制了银行业危机。到1931年8月上旬，国内市场的支付体系又恢复了正常，在随后的几周和几个月中，德国政府成功地稳定了金融体系。但是，这样的救援行动需要消耗大量的公共资金，而普通民众正在遭受大萧条带来的折磨，因此政府无法在这样的行动中得到任何政治信誉。更重要的是，尽管欧洲各国政府疯狂地进行着各种外交活动，但仍无法阻止危机向全球蔓延。7月18—19日，总理布吕宁和外交部长柯歇斯在巴黎讨论摆脱债务危机的方法。7月20—23日，比利时、法国、德国、英国、意大利、日本和美国的总理、外交部长和财政部长在伦敦举行了会议。但是，所谓的“德国贷款七国会议”无果而终。他们只达成了一个共识，那就是委托一个专家委员会（在国际清算银行的指导下）对德国的债务

153 “东方嗜睡症”（英语：oriental lethargy）一词来自英国诗人塞缪尔·泰勒·柯勒律治（Samuel Taylor Coleridge）。他一生贫病交困，因难以忍受风湿病的疼痛而开始吸食鸦片。他用“东方嗜睡症”一词形容“人在困倦中陷入无知”的状态，并认为这种状态有着“反直觉”的作用。在本文中，作者应是用该词表达“危机当前，人们却没有开始解决问题”的“反直觉”现状。

154 “宿命论”（英语：fatalism）指相信事件由命运决定，人无法阻止一件事发生。在本文中，作者应是用该词指代无法避免的德国银行业危机。

结构展开研究。他们强烈建议各银行和银行家暂时不要从德国撤回资金。英国皇家国际事务研究所嘲笑道："伦敦会议与一场'高级医生的集会'没有什么不同，他们围在一位根本没有治愈希望的重症患者的床边，急于维护自己的职业声誉。"（注7）

在接下来的几个月中，这一模式都没有改变。虽然政治家、外交官和高级官员们都在努力解决这场危机，但在这个"戈尔迪之结"[155]面前，他们都束手无策。法国和德国的利益根本无法统一。1931年7月下旬，美国国务卿斯廷森、英国首相麦克唐纳和外交大臣亨德森访问了柏林，但空手而归。1931年8月下旬，由七大国会议委托的专家委员会发表了有关德国债务的报告。9月中旬，德国与其私人债权人之间的所谓"暂停偿付协议"生效，为期6个月。1931年9月下旬，法国总理皮埃尔·赖伐尔和外交部长阿里斯蒂德·白里安对柏林进行了正式访问，10月下旬，赖伐尔在华盛顿进行了访问。圣诞节前不久，由德国根据杨格计划章程发起成立的特别咨询委员会发布了一篇报告，该报告以其主席同时也是意大利政治家、学者和金融家的阿尔贝托·贝内杜切的名字命名。《贝内杜切报告》无视自己所承担的任务，并未提出任何建议。外交工作又回到了起点。（注8）

于是，危机继续野蛮发展。在德国之后，英国是欧洲最薄

155 "戈尔迪之结"（英语：Gordian knot）是希腊神话中的一个典故，意为棘手的问题。传说戈尔迪乌斯国王打了一个十分难解的结并宣称，谁能解开此结，谁便会成为亚洲的统治者，结果亚历山大大帝（古希腊马其顿王国的国王，日后建立了疆域从希腊到阿富汗的亚历山大帝国）挥剑将结斩断。

弱的环节。到7月底，英格兰银行持有的黄金和外汇储备减少了约20%，并且在整个8月，英格兰银行用尽了捍卫货币金本位的“弹药”。为了阻止货币挤兑，总理拉姆齐·麦克唐纳提出了平衡预算的措施，但工党拒绝支持他的政策。8月24日，被工党排除在外的麦克唐纳联合保守党和自由党一同组成了所谓的“国民政府”。但仅仅针对内阁进行调整并不足以应对这场危机，9月19日星期六，英国政府宣布将暂停黄金兑换。几天之内，英镑兑美元的汇率下跌超过20%。许多国家紧随其后，包括加拿大、印度、日本和斯堪的纳维亚国家[156]。英镑的下跌引发了美元的挤兑。美联储根据金本位的规则做出反应，将官方利率从1.5%提至3.5%。但是，由于美联储颁布紧缩货币政策的大背景是通缩环境，由此产生的实际利率波动引发了另一场银行危机，并且加剧了经济衰退，美国失业率因此突破了20%。（注9）

货币贬值的浪潮给德国的贸易伙伴带来了更多竞争力，而全球经济的恶化很快在德国产生了回荡。为了降低出口成本，布吕宁在1931年10月和12月通过总统颁布的紧急法令采取了进一步的紧缩措施，这在短期内加剧了德国的衰退。另一种选择是将德国货币贬值到新的国际水平，这被布吕宁拒绝了，因为他担心恶性通货膨胀会再次发生，以及以黄金计价的外债价值将会随之增加。根据官方数据，冬季的几个月中，失

156 “斯堪的纳维亚国家”指芬兰、瑞典、挪威。

业人数已经有 600 万人以上。根据现在进行的估计，德国当时约有 25% 的劳动力处于失业状态。1932 年，有将近 40% 的失业。反过来，德国经济的持续萎缩又拖累了世界经济。在 1931 年，西欧的国内生产总值下降了约 5%，美国则下降了 8%。（注 10）

这就像人们所知道的资本主义的终结。回顾 1931 年，阿诺德·约瑟夫·汤因比[157]认为这一年是“多灾之年”，他还观察到：“全世界的人们都在认真考虑并坦率讨论一种可能性——西方的社会体系是否会崩溃？人们是否会停止工作？”在他看来，战争结束后的 1931 年 5—12 月这段时期“与当代人经历过的任何岁月都不相同”。“对于那些经历过这些关键时期的人们来说，这种感觉就像命运和愚蠢似乎正在集中力量，对文明的堡垒发动联合攻击。”（注 11）

与此同时，有一些人正在因银行、货币和西方价值观的崩溃而感到高兴。在德国，金融危机的最大受益者是纳粹领导人希特勒。他设法垄断了对《凡尔赛和约》和杨格计划所建立的战后秩序的广泛批评，同时无情地将德国的债务与经济危机联系起来。希特勒的崛起始于 1929 年秋。应德国国家人民党领导

157　阿诺德·约瑟夫·汤因比（Arnold Joseph Toynbee，1889 年 4 月 14 日—1975 年 10 月 22 日）是英国著名历史学家、国家学术院院士、名誉勋位获得者。汤因比不认同“国家至上”的观念，而认定“文明才是历史的单位”。他把世界历史划分为 26 种文明，并断言“文明之所以能够崛起，是因为它在包含精英领袖的少数创造者的领导下成功应对了环境的挑战”。

人阿尔弗雷德·胡根堡的邀请，希特勒加入了“德国人民反对杨格计划和‘战争罪恶’谎言请愿委员会”。此时的杨格计划即将在德国金融危机的重压下瓦解，而希特勒则处于特别强势的地位，因为他现在可以声称“自己一直都是正确的”。

当然，希特勒并没有兴趣去了解赔偿、外国短期债务、金融政策和经济萧条之间的多维联系。他坚信自己肩负着一个比解决目前危机更重要的任务。他还发现了一个能有效得到德国社会各界、各阶级广泛支持的手段，那就是将德国国内的苦难归咎于外国势力。此外，还有一个公开的秘密，那就是杨格计划在实际上限制了德国采取有效措施应对失业率飙升的能力。不幸的是，希特勒的批评中包含着“真理的内核”。随着危机的加深，社会民主党人对杨格计划也变得更具批判性。（注 12）

显然，掌握一个有效的真理并不是希特勒崛起的唯一原因。相对于激进反对派内部拥有类似世界观的其他竞争对手来说，希特勒具有许多优势。最重要的是，他是一位有能力的雄辩家，能够让听众着迷，而老套的胡根堡和其他极右翼领导人都是单调乏味的演讲人（图 16）。当时的社会上存在着根深蒂固的偏见，特别是对犹太人的仇恨，希特勒知道如何利用这种社会情绪来动员大众，从而实现自己的政治目的。同时，希特勒看起来也具有非同寻常的政治战略意识，能够对事态发展进行长期预测，并耐心地等待击败对手的机会。许多专业的政治家曾错误地认为，希特勒只不过是一个业余的人。然而实际上，他是一位能干的战略家，他成功欺骗了他的敌人；在他认为有必要的时候，他甚至会利用伙伴来实现自己的目的。最终，狂热的希特勒在鲁莽和残酷两个维度上超越了所有的常规界限，甚至在民族主义的圈子中也无人能与他匹敌。此外，他还始终如一地煽动纳粹党员和冲锋队使用野蛮的武力恐吓他的政治敌人。通过这些手段，他总能实现自己想要的结果。总而言之，希特勒的个性在他和纳粹党的成功中发挥了重要作用。（注 13）

图 16　1932 年 4 月 4 日阿道夫・希特勒（左）与约瑟夫・戈培尔（右）在柏林快活园的一次总统竞选集会上

在1931年夏天，危机急剧恶化，这将希特勒的政党推到了政治上的新高度。他立即抓住这一机会，将德国国内金融失序的现状与杨格计划联系起来。1931年7月14日，即达纳特银行停业一天之后，他接受了美国联合新闻国际通讯社的采访。他在采访中提醒全世界“他一直都是对的”。他解释说：“现在的局势已经证明了我之前的恐惧和预测。杨格计划将以经济灾难告终。整个世界都会感受到它所带来的后果。而那个将世界一分为二的《凡尔赛和约》将被证明是对人类进行的诅咒。”像以前一样，他把自己的政党描绘成唯一能够抵抗布尔什维克主义的可靠堡垒：“未来只有两种可能——要么是我们争取权力的运动取得胜利，让我们得以凌驾于布尔什维克主义之上；要么是布尔什维克主义取得胜利，而它正在让欧洲和其他国家陷入混乱。”（注14）

1931年8月上旬，希特勒在纳粹媒体上再次批评了杨格计划：

> 我的一生中从未像现在这样快乐过。到目前为止，数百万德国人终于睁开了眼睛，看到了他们所面临的残酷现实，也看到了马克思主义骗子荒唐而离谱的诡计、谎言和欺骗手段。现在，广大人民也许第一次认识到谁是对的——是由社会民主党、中央党和周围政党组成的利用杨格计划招摇撞骗的诈骗团体呢，还是发起了“反对杨格计划人民

请愿”的人呢？因此，我自然会在这几天感到高兴和满意，而恐惧和困惑已经爬到了那些支持杨格计划的政党和报纸骗子的脖子上。（注 15）

10 月，希特勒加强了对杨格计划的攻击。因外交部长柯歇斯和其他两名内阁成员的辞职，布吕宁的影响力被削弱了。此外，海牙常设国际法院以 8 票支持、7 票反对的表决结果判定，由柯歇斯推动的德奥关税同盟与 1925 年签订的《日内瓦议定书》相悖。奥地利因此获得了一笔重要贷款，以换取奥地利方面放弃与德国政治联盟的声明。（注 16）此外，德国国会于 1931 年 10 月 13 日重新召集会议，这使得总理有面临不信任投票的危险。布吕宁在会议上解释了新内阁的计划，然而 3 天后，纳粹媒体刊登了长篇的“阿道夫·希特勒致德国总理的公开信”。在信中，希特勒又一次将杨格计划与德国的经济苦难联系起来。

布吕宁总理，你曾有一段时间认为可能需要重新审视赔偿问题，但是在德国政府将自身财政结构调整到看起来“准备就绪”的程度之前，不可能会出现实际的谈判。总理先生！我以及我所有的同事都认为这种做法是错误的。我确信，如果不完全免除赔偿，经济重组是不可想象的。即使有所谓的“经济学家”为这一观点进行背书——每年从德国人民中压榨几个“20 亿”或“25 亿”作为赔偿年金的想法是“可能的”，甚至“是件好事”——但也丝毫不失此类想法荒谬的简单性。

事实是，由你本人和总理一方的阵营所做出的所有承诺、证明和保证都遭到了彻底的驳斥。

那些杨格计划中做出的承诺，尤其是“恢复德国国家、各邦和市镇财政”的承诺，现在在哪里？

你们所做出的“恢复经济”或“刺激经济”的承诺，现在在哪里？

你们的政策成功促使失业人数的减少体现在哪里？

“农业救助”政策取得的成功在哪里？

布吕宁总理，你曾做过的减税承诺，何时才开始生效呢？

总理先生，你曾在讲话中解释过，所有这些诺言遇到的失败（今天的事实已证明了这一点）是“一场人们可以部分预见、部分无法预见的灾难”。

布吕宁总理！为了让历史记录更加明确，我可以指出，这句话的正确措辞应该是：“我们发现自己陷入了一场灾难，我们预测到了其中的一部分，而无法预测到另一部分。”为了再次校正历史记录，我还要说，我、其他各党派领导人以及无数政经领域人士不仅预见到了这场灾难，而且还准确地预测到了这场灾难的具体情况！（注 17）

当达纳特银行于 7 月 13 日关门时，一些极度乐观的纳粹党头目（如戈培尔）曾期望希特勒借此事立即掌权，我们可以肯定，事实并非如此。布吕宁从 1931 年 10 月中旬的不信任投票中幸存下来，并一直任职到 1932 年 5 月下旬。在布吕宁卸任后，又有另外两人担任了总理一职，他们分别是弗朗茨・冯・帕彭和库尔特・冯・施莱歇尔。1933 年 1 月，希特勒直接被兴登堡总统任命为总理。金融外交未能遏制危机，世界经济继续萎缩，纳粹党的影响力在德国选民中不断壮大，尤其是在中产阶级圈子中。（注 18）

在希特勒对总理发动正面攻势的短短 1 个月后，纳粹党就开始在竞选活动中收获果实。在 1931 年 11 月 15 日举行的黑森人民邦[158]选举中，纳粹党赢得了 37% 的选票，而第二大政党社会民主党仅获得了 21% 的选票。这次选举有 82% 的合格选民参与，同时，黑森是一个拥有数个工业区的富裕邦。这些结果足以表明，纳粹党已经粉碎了所有除拥有天主教背景以外的资产阶级政党[159]。现在，只有四个政党还活跃在政治舞台上：纳粹

158　黑森人民邦（德语：Volksstaat Hessen）是 1918—1945 年黑森 - 达姆施塔特大公国的名字。第一次世界大战结束后，与其他德意志帝国内的诸侯国一样，黑森大公国也发展成为一个共和国，改名为“黑森人民邦”（意味着没有君主，并非指代社会主义）。“二战”后，美国军政府创建新的黑森州，后来该州成为联邦德国（西德）的一员。今日世界闻名的金融城——法兰克福便坐落于黑森。

159　本书中曾出现过多个以资产阶级 / 中产阶级为选民基础的政党，例如“德国国家人民党”（主要支持者为民族保守主义者、右派民粹主义者、君主主义者、反共主义者和反犹分子）、“德国人民党”（主要支持者为德国实业家）、“德国民主党”（主要支持者为中产阶级企业家、公务员、教师、科学家和工匠）等。这些政党都在纳粹党得势后迅速衰败，被迫与其他小党合并或解散。

党、中央党、社会民主党和共产党。

1932 年，纳粹党在 4 月份的普鲁士邦选举中的得票率同样达到了 37%，而该邦拥有德国三分之二的人口。到 7 月举行全国大选时，希特勒已成为德国的主要政治人物。虽然在之后 1932 年 11 月的德国国会选举中，纳粹党的得票率回落至 33%，但天主教中央党和社会民主党的得票率同样下降了，因此政治格局保持不变。至此，纳粹独裁仍然不是不可避免的，但希特勒即将出任总理也并非偶然。债务和永无止境的危机释放出难以控制的力量，让这个最可怕的噩梦变成了现实。

结语

1939 年 3 月，瑞典银行家兼外交官老马库斯·瓦伦贝格在斯德哥尔摩庆祝他的 74 岁生日。在众多送出祝福的人当中，有德国前财政部国务秘书汉斯·舍费尔。他于 1932 年 5 月中旬离开了布吕宁内阁，成为德国最大的出版社——乌尔斯坦出版社的常务董事。一年后，由于他的犹太背景，他被戈培尔驱逐出境，最终于 1936 年移居瑞典，并于两年后成为瑞典公民。即使后来的联邦德国第一任总理康拉德·赫尔曼·约瑟夫·阿登纳[160]邀请他担任经济事务部国务秘书，他也并未返回德国。舍费尔于 1886 年出生于德意志帝国的布雷斯劳，1936 年之后都在瑞典的

160　康拉德·赫尔曼·约瑟夫·阿登纳（德语：Konrad Hermann Joseph Adenauer，1876 年 1 月 5 日—1967 年 4 月 19 日），联邦德国总理。阿登纳的主要政绩包括：说服战胜国不要拆除德国原有的工业设施，保护了战后联邦德国近 30 年工业高速成长的潜力；与劳工阶层达成协议，给予他们较大决策权，保证联邦德国战后劳资关系相对和谐；推动联邦德国加入北约及结束同盟国占领，恢复德国主权；促成联邦德国与苏联建交；与戴高乐共同促成德法两个百年宿敌的和解，签订的《爱丽舍条约》奠定了欧共体合作的基础。

延雪平[161]度过，并于 1967 年去世。他与妻子生有 4 个女儿。

舍费尔在 1924 年认识了瓦伦贝格，当时他们两人都参与了有关道威斯计划的谈判。在 1930 和 1931 年，他们都曾试图阻止和遏制金融危机，这也加强了两人的关系。舍费尔非常欣赏这位中立的金融专家提出的明智建议，并将他介绍给了布吕宁。瓦伦贝格并不以他的国家或银行的名义行事，因此成为一名可靠的调解人。1933 年，在被迫离开乌尔斯坦出版社后，舍费尔被瓦伦贝格聘用。此时，伊瓦·克鲁格的火柴公司正在进行破产程序，需要做大量法律工作，而舍费尔有律师资格，他被要求帮助打开克鲁格的火柴帝国。对舍费尔来说，这是一份“来自天堂的礼物”。因为这份工作，他得以移民瑞典，并挣取了养家糊口的薪水。瓦伦贝格还帮助舍费尔在到达瑞典两年后获得了瑞典国籍。1936年，当舍费尔完成了破产程序的有关任务后，又在这家重组后的火柴公司中担任法律顾问一职。（注 1）

回到本节开头。舍费尔在 1939 年送给瓦伦贝格的生日礼物是，一份题为《马库斯·瓦伦贝格与 1931 年德国银行业危机》的报告。在文中，他描述了危机是如何发展的，以及在达纳特银行倒台前后，瓦伦贝格是如何向布吕宁内阁提供建议的。该报告以舍费尔繁多的日记和一份较早时关于“银行业危机秘史”

161　延雪平（瑞典语：Jönköping）是位于瑞典南部的一个城市。该城市是瑞典人口第九多的城市。在 1845 到 1970 年，延雪平以火柴制造业闻名。现在的延雪平是瑞典的一个重要的物流中心。宜家等企业的中央仓库就设在延雪平。

的草稿为基础，是那个年代对这一事件叙述得非常好的作品之一。舍费尔用他的介绍性话语将整个事件置入了更广阔的历史背景中。很明显，在他看来，德国的银行业危机必须从国际而不是国内的角度进行分析。（注2）

“1931年7月，德国最大的银行——达纳特银行宣布倒闭，这成为战后历史的一个重要事件。那些德国和其他欧洲国家的未来历史学家必须特别注意一个时间点，即布吕宁政府执政的第二年。这是德国最后一次尝试通过和平方式渐进地重新融入大国的圈子，而且这种形式并未给未来埋下战争的种子。”（注3）

舍费尔的国际观也是本书的核心。1931年的金融危机之所以发生，是因为德国及其债权人都未能对赔偿制度进行及时调整，让它适应迅速恶化的国内经济和政治形势。1930年1月，当杨格计划在荷兰海牙得到通过时，该计划内容在经济层面与现实之间的差距就已经在扩大了。即便如此，大多数外交官和政治家都没有意识到，世界范围的衰退不是一场短暂的雷暴，而是一次破坏全球经济和金融基础的海啸。1930年9月，当纳粹党在议会选举中取得胜利后，他们才开始慢慢意识到危机的严重性。然而，事实却证明外交官与政客们依然无法进行合作或是采取清晰而大胆的行动。就其本身而言，德国政府在绝望中得出了一个结论，那就是它需要对杨格计划进行质疑，只有这样才能维持自己手中的权力。我们可以预见，尽管美国总统胡佛在6月20日进行了最后一次尝试，但德国政府于6月初发布的宣言还是引发了一次无法刹车的货币危机。7 月 13 日星期一，达纳特因一位主要客户蒙受损失而受到削弱，因此关门大吉，两天后，德国政府出台了外汇管制措施，从而引发了全球清偿危机。

是否有可能及时而有序地对赔偿制度进行调整？杨格计划的设计者们认为，他们已经做出了必要的规定。他们引入了一则条款，条款规定如果德国政府“真诚地”认为需要暂时减少赔偿，国际清算银行将召集组织一个特别咨询委员会，以对德国的情况进行分析并向债权国政府提出不具约束力的建议。但是事实证明这一条款在实际操作中毫无价值。因为一旦德国政府表示无力支付全额年金，投资者将立即开始从德国撤出他们的资金。

这一不切实际的条款只是整个程序的一个症状。虽然从一开始，战胜国就在努力让赔偿目标同欧洲和美国的经济与政治现实相适应。但也许他们在战后的利益分歧太大，以至于无法达成一份可行的协议。1918—1919 年的局势极为复杂和混乱。而 1921 年的《伦敦债务协议》以及 1924 年的道威斯计划又存在严重缺陷，它们限制了那些试图避免 20 世纪 30 年代初期魏玛共和国的金融和政治陷入崩溃的人的回旋空间。《伦敦债务协议》将德国的赔偿“定为惊人的高价”，这在德国公众间引发了震动，尽管根据协议中的细则有效赔偿时间表并不那么具有惩罚性。道威斯计划给了德国政府鼓励增加外债的动力，这些外债中有很大一部分是短期债务。在五年内，德国政府欠私人债权人的外债数额几乎与它需要支付的赔偿总额一样高。

为了渡过危机，汉斯·舍费尔进行了英勇但不成功的尝试，这向我们展示了一个场景：当经济危机开始野蛮发展，债务陷阱将如何对决策者造成限制。这位称职而勤勉的财政部国务秘书与社会民主党人和中左翼的德国民主党人较为亲近，坚信国际合作，同时全力支持杨格计划。但是他知道，要完成杨格计划，德国政府不仅需要整理其财政机构，还需要全心全意地支持布吕宁为巩固预算所做的努力。有一些历史学家认为，德国的紧缩政策是布吕宁的保守主义和民族主义信念所导致的直接结果，但是他们低估了结构性的限制。在当时，只有极端党派才准备拒绝杨格计划，同时通过扩张性的财政和货币政策促进经济增长。相比之下，舍费尔不想冒险与债权国突然决裂。此外，他还认为德国能够满足杨格计划的条件。

因此，正是舍费尔鼓励总理布吕宁在 1931 年 3 月以紧急法令的形式准备另一项紧缩方案，即使舍费尔知道这将带来巨大的经济和政治成本。但是，他不认为有其他方法可以避免这场资金危机。同样也是舍费尔建议布吕宁将紧急法令与表明德国人民不愿再做出牺牲的宣言相结合。“我非常喜欢这个主意。”舍费尔在日记中写道。他认为，这样的声明能够让德国政府向国内听众传达一种“政府愿意对赔偿采取行动”的意愿，而实际上又不做任何事情，从而避免给外国外交官和投资者带来不安。我们知道，正是这一宣言在1931年6月上旬引发了货币危机。这虽然不是舍费尔的本意，但他还是要承担一些责任。（注 4）

舍费尔还是 1931 年 12 月颁布的严厉紧缩措施（第四个紧急法令）的设计者之一，该法令将布吕宁内阁的人气拉到了新低。实际上，舍费尔想比严厉的总理更进一步，他提议增加税收，以减少发生资金危机的可能性。他的失败让他决定于 1932 年 5 月辞职。从事后的角度看，舍费尔是一名悲剧式的人物。他将自己的天资和影响力投入到了与他根深蒂固的价值观背道而驰的政策中。毫无疑问，通过加速经济危机来削弱魏玛共和国并不是他在 1929 年末担任财政部国务秘书时所希望的。然而，这是他在相信自己别无选择时所做出的结果。（注 5）

这引出了一个问题：缔结国际协议的过程是如何促使好心人去做破坏自己的民主和国家间和平合作的事情的？第一次世界大战后，外交官和政治家们未能设计出一种以可持续的方式来平衡刚性和灵活性的赔偿框架。他们一意识到第一份协议是有缺陷的，便试图通过逐步的修正来挽救它。但是，事实证明这种方法是不适当的，因为它并没有消灭最开始的那个错误，即提出根本无法执行的赔偿法案。考虑到德国在战争中所做的一切，这也许是公正和公平的，但事实证明这是不现实的。因此，在最后，债权国和德国的民主都是输家。

从这个角度看，1931 年的德国金融危机似乎不仅仅是一起重大的历史事件。它是一个生动的、永不过时的提醒，提醒人们在建立国际机构和缔结国际协议时不要忘记关注国内政治动态的危险。只有良好的意愿和呼吁合作的精神是远远不够的。仅仅因为外交官和政治家都不愿在经过几轮充满争议和艰苦的谈判之后空手而归，便就不可执行的国际规则达成一致，然后称其为突破，也是不明智的。只有当国内选民做好准备，能够为了跨国界合作带来的好处而允许出让国家主权时，建立国际机构和缔结协议的工作才有机会有效开展，也才能经受住时间的考验。

注释

绪论

1.(Fröhlich 2005),56(14 July 1931).

2.Important contributions are(Balderston 1993), (Bennett 1962), (Borchardt 1991), (Born 1967), (Eichengreen 1992), (Ferguson and Temin 2003), (James 1986), (Ritschl 2002), (Schnabel 2004a). For a research summary see (Burhop 2011), and (James 2013). On the global consequences of the German crisis see (Accominotti 2012), (Ritschl and Sarferaz 2014), and (Straumann, Kugler, and Weber 2017).

3.For a statistical analysis of the negative effects of austerity see(Ponticelli and Voth 2012), (de Bromhead, Eichengreen, and O'Rourke 2013), and (Galofré-Vilà et al. 2017).

4.(Menken 1931),528.On the tension between international and domestic institutions see (Polanyi 1944), (Eichengreen 2008), (Rodrik

2011), (Bordo and James 2015), and (Temin and Vines 2013). A comparison between the 1930s and the most recent financial crisis is drawn by (James 2009) and (Eichengreen 2015).

第一部分：自信

1 嘲笑乌鸦

1.(Somary 1986),271.See also(James 2009),75,(Straumann 2013),9–11,and (Hesse, Köster, and Plumpe 2015), 53,64.

2.(Somary 1986),158.

3.(Somary 1932),45–8.

4.For an overview of the world economic crisis see (Feinstein, Temin, and Toniolo 1997), 171. Total German unemployment: (Balderston 1993), 5 and 9. Comparative industrial employment: (Balderston 2002), 79; real GDP: (Ritschl 2002), 27 and table B.9; GDP per head: The Maddison-Project,<http://www.ggdc.net/maddison/maddison-project/home.htm> (2013 version).

5.(Somary 1986),104.

6.(Mertz-Rychner 1991),98;(Somary 1994),9.

7.*The Economist*, 12 November 1932: War Debts supplement, 4. Cf. (James 2014), 278.

8.(Ritschl 2013),116.Cf.(Schuker 1988),49.

9.(Bähr and Rudolph 2011), 32; (Borchardt 1991), 157; (James 1986), 42 and 49; (Feldman 1993), 837.

10.The senior offcial was Hans Simon. Quoted in (Heyde 1998), 38. Cf. (Bennett 1962), 7–8, (Ritschl 2002), 120–41, and (James 2014), 279.

11.(Bähr and Rudolph 2011),32.

12.(Bähr and Rudolph 2011),32;(Balderston 2002),10–14.

13.J. Morgan to T. Lamont, 30 August 1929, quoted in (James 1985), 111. For a description of the lending frenzy see (James 2014), 48–50, and (Eichengreen 2015), 54–9.

14.(Kindleberger 1973), 56 (table 1), 71 (table 2); (McNeil 1986), 218; (Wolf 2010), 349.

15.(Leith-Ross 1968), 102 (footnote 1); ADAP, Serie B, Volume VII, 244. Parker Gilbert's first warning to the German government was expressed in a memorandum in October 1927.

16.(Enquête-Ausschuss 1929), 164ff. On Schacht's controversial attempt to stop the stock market boom and slow down capital inflows see (Voth 2003).

17.(Somary 1932),45,71;(Somary 1986),158.

18.*Le Figaro* quoted in and translated in (Shamir 1989), 33; portrait of de Margerie in (Shamir 1989), 52.

19.(Johnson and Moggridge 1978),2–3.

20.(Somary 1986),146–7.

21.(Somary 1986),150–1.

22.(Somary 1986),156.

2 外交官的胜利

1.*Petit Parisien*, 21 January 1930, 1; *The Times*, 21 January 1930, 14; *NYT*, 21 January 1930, 6; *VZ*, 21 January 1930, morning edition, 1.

2.*The Times*, 21 January 1930, 14; *VZ*, 2 January 1930, morning edition, 1. On Snowden's bad reputation during the conference see (Schäffer 1967), 56, and (Curtius 1950), 72.

3.*The Times*, 22 January 1930, 15; *The Economist*, 25 January 1930, 163; *NYT*, 22 January 1930, 22.

4.*Le Temps*,22 January 1930,1(editorial).

5.(Curtius 1948),90;*VZ*,3 October 1929,evening edition,1.

6.(Unger 2005),559–60;(Schäffer 1967),63–4.

7.(Knipping 1987),9–31;(Kolb 2003),94–7.

8.(Unger 2005),17–20;(Kolb 2003),9;(Schwerin-Krosigk 1951),76.

9.Ernst von Weizsäcker quoted in(Rödder 1996),41;(Tabouis 1958),68.

10.On the continuity of German foreign policy from Stresemann to Curtius see (Heyde 1998), 56. On Tardieu's career and political thinking see (Monnet 1993).

11.(Unger 2005),564–5.

12.(Curtius 1948),122;(Leith-Ross 1968),127.

13.*The Economist*,25 January 1930,162;*VZ*,20 January 1930, morning edition,1; (Schmidt 1949), 193.

14.*The Times*,21 January 1930,14;quote of the French delegation in(Rödder 1996), 65.

15.For a review of reparation agreements see(Marks 1978),(Gomes 2010), and (Ritschl 2013). For an analysis of the Versailles Treaty see (MacMillan 2001), (Tooze 2014), and (Kershaw 2015).

16.This is the main thesis of (Kindleberger 1973) and (Temin and Vines 2013).

17.On the economic burden of reparations see(Hantke and Spoerer 2010) and (Ritschl 2013). (Holtfrerich 1986) and (Feldman 1993) are the standard references for the German hyperinflation.

18.(Zweig 2013),chapter 15.

19.(Balderston 2002),53–8,and(Wehler 2003),247–9.

20.(Kindleberger 1973), 38 and 54; (James 1986), 48; (Feinstein, Temin, and Toniolo 1997), 91 (table 5.2); (Ritschl 2002), 228.

21.(Leith-Ross 1968),102.

22.This argument has mainly been put forward by (Ritschl 2002). For a shorter version see (Ritschl 2013).

23.See Chapter1('Laughing at the Raven'):(Somary 1932), 46.For an analysis of capital ratios of the German banking system see (Schnabel 2004a), 839, and (Eichengreen 2015), 138.

24.(Moulton and Pasvolsky 1932),223ff.

25.Owen Young quoted in(Link 1970),489.

26.(Curtius 1948),138–41.

27.(Maurer, Wengst, and Heideking 1980), 206; (Schuker 1988), 47–8; (Wandel 1974), 127, 145; (James 1985), 109 (footnote 45); (Schäffer 1967), 48.

28.(Somary 1986),155,157–8,163.

29.(Bachmann 1996), 127ff. and 153; (Maurer 1973), 48ff. and 65; (Somary 1986), 155–6.

3 “一手好牌”

1.Votes by Reichrat:Young Plan:42 yes,5 no;Polish agreement:30 yes,10 no.

2.*VZ*,13 March 1930,morning edition,1.

3.*VZ*,12 March 1930,evening edition,1.

4.Verhandlungen des Reichstags,12 March 1930,4364: Löbe (SPD, President of Reichstag), 4388: Gregor Strasser (NSDAP).

5.Verhandlungen des Reichstags, 12 March 1930, 4368–9: Max Wallraf (DNVP).

6.(Kershaw 1999),310.

7.Verhandlungen des Reichstags, 12 March 1930, 4391: Walter Stoecker (KPD).

8.Verhandlungen des Reichstags,12 March 1930,4363; (Maurer 1973),120–1; (Pünder 1961), 43.

9.*Le Temps*,14 March 1930,1(bulletin du jour).

10.(Pyta 2007),461 and 545–53.

11.AdR,Müller II,1544 and 1580–2;(Curtius 1948),143.

12.(Winkler 2000),458ff.and 485–7;(Wehler 2003),350f.;(Pyta

2007),557.

13.(Wandel 1974),141.Cf.portrait of Schleicher by (Meissner 1950),256.

14.(James 1986), 52; (Brown 1988), 229; (Balderston 1993), 1, 5; (Balderston 2002), 77, 270; (Ritschl 2002), Appendix Table B.1.

15.(Maurer 1973),49;(Wandel 1974),138;(Bachmann 1996),127. Unemployment figures in (Balderston 1993), 2.

16.(Pünder 1961), 45–6 (Kindleberger 1973), 139; (Maurer, Wengst, and Heideking 1980), 100; (Winkler 2000), 488; (Evans 2003), 247. (Winkler 2000), 487; (Pyta 2007), 552–3.

17.Two excellent biographies are (Patch 1998) and (Hömig 2000). See also (Hömig 2000), 18–19 and 22–6, for a survey of biographies and varying assessments of Brüning's chancellorship by historians.

18.(Maurer,Wengst,and Heideking 1980),100–1.

19.(Patch 1998),23.

20.(Schwerin-Krosigk 1951), 131; (Lohe 1961), 115; (Luther 1964), 114; (Burke 1994), 99; (Patch 1998), 23; (Hömig 2000), 22 and 211ff.

21.(Schwerin von Krosigk 1974),64.

22.(Treviranus 1968),117.

23.*VZ*,30 March 1930,1;(Pünder 1961),46.

24.(Winkler 2000),487–8.

25.(Maurer 1973),141;(Schwerin von Krosigk 1974),60–1.

26.*VZ*, 28 March 1930, evening edition, 6; *Financial Times* quoted in (Brown 1988), 235.

27.*NYT*, 29 March 1930; *The Times*, 29 March 1930; *The Times*, 31 March 1930; *The Economist*, 5 April 1930, 766.

28.*Le Temps*,4 April 1930,1(bulletin du jour);*L'Œuvre*,1 April 1930,1,quoted in (Brüning 2010), 152–3; *Le Parisien*, 28 March 1930, 1; *Le Parisien*, 29 March 1930, 1.

29.*Le Figaro*,29 March 1930.Cf.(Brüning 2010),155.

30.(Pünder 1961),50–1.

31.(Maurer,Wengst,and Heideking 1980),206;(Bachmann 1996),196–9.

32.(Mouré 1991),14–16.

33.Survey of International Affairs 1930,136–7;(Tabouis 1958),64.

34.*Federal Reserve Bulletin*, May 1930, 285; Herbert Hoover, 'The President's News Conference', 7 March 1930. Online by Gerhard Peters and John T. Woolley, *The American Presidency Project*. <http://www.presidency.ucsb.edu/ws/?pid=22539>. See also (Kindleberger 1973), 128.

35.*NYT*,8 March 1930,1.(Rappleye 2016),115,highlights Hoover's communication difficulties. For a positive view of Hoover by today's historians see (Crafts and Fearon 2010), 293.

第二部分：犹豫

4 希特勒的胜利

1.*NYT*, 30 June 1930, 1.

2.*The Economist*, 21 June 1930, 1378. For the modern view on the Smoot- Hawley Tariff Act see (Irwin 2011).

3.(Brüning 1970),170;(Knipping 1987),57;(Heyde 1998),50;DBFP 1919–39, Second Series, Volume 1, 475–6.

4.DBFP 1919–39, Second Series, Volume 1, 487–8. Original text printed in *VZ*, 1 July 1930, morning edition, 1.

5.*NYT*,1 July 1930,1 and 13.

6.AdR, Brüning I,199.

7.*Le Temps*, 2 July 1930, 1 (bulletin du jour); DBFP 1919–39, Second Series, Volume 1, 486.

8.Printed in *NYT*,2 July 1930;*VZ*,3 July 1930,evening edition,1;*VZ*,4

July 1930, evening edition, 1.

9.*Le Temps*,7 July 1930,1(bulletin du jour);(Shamir 1989),15 and 17.

10.DBFP 1919–39,Second Series,Volume 1,598–603.

11.ADAP,Serie B,Volume XV,299–305.Cf.(Heyde 1998),88.

12.AdR, Brüning I,87;(Brüning 1970),177.

13.Survey of International Affairs,1930:The Briand Plan for Closer Union in Europe, 131–42; (Knipping 1987), 225; (Heyde 1998), 84, 89–90. Cf. AdR, Brüning I, 281.

14.(Kindleberger 1973), 128; (Toniolo 2005), S. 71–2; *Der Deutsche Volkswirt*, 4 July 1930, Nr.40,4.Jg., 1361f., quoted in (Bachmann 1996), 204.

15.(Maurer,Wengst,and Heideking 1980),207;Schäffer,Diary,10 May 1930.

16.*VZ*,6 June 1930,evening edition,1–2.Cf.AdR,Brüning I,192.

17.*Vorwärts*,6 June 1930,morning edition,1;(Maurer,Wengst,and Heideking 1980), 243–6; AdR, Brüning I, 211–12.

18.The new Minister for Economic Affairs was Trendelenburg.

19.(Treviranus 1968), 28–9; (Schwerin von Krosigk 1974), 62–3; (Wandel 1974), 150.

20.Schäffer,Diary,24 June 1930.

21.Verhandlungen des Reichstags, 16 July 1930, 6407; final result: 6435 (256 no, 193 yes).

22.*Vorwärts*, 17 July 1930, 1; Verhandlungen des Reichstags, 18 July 1930, 6523: Communists.

23.AdR, Brüning I, 329–30; *VZ*, 27 July 1930, evening edition, 1.Cf. (Bachmann 1996), 201; (Patch 1998), 95.

24.(Curtius 1948), 164; (Hömig 2000), 177; *VZ*, 19 July 1930, morning edition, 1.

25.(Winkler 2000), 490; (Schulz 1992), 118; (Patch 1998), 94–5; (Hömig 2000), 185; (Kershaw 1999), 412, disagrees; AdR, Brüning I, 321.

26.(Hömig 2000), 171.Cf. (Brüning 1970), 182.

27.*Der Deutsche Volkswirt*, 5 September 1930, Beilage No.49,766, quoted in (Brown 1988), 241.

28.*The Economist*, 26 July 1930, 170, 176; *The Times*, 21 July 1930, 13; *Le Temps*, 14 July 1930, 1 (bulletin du jour).

29.Quoted in (Shamir 1989), 22 and 52–3.

30.The German ambassador in Paris, Leopold von Hoesch, was exactly right when he explained the French state of mind to his superiors in Berlin: ADAP, Serie B, Volume XV, 383 and 385–7.

31.(Maurer, Wengst, and Heideking 1980), 357; DBFP 1919–39,

Second Series, Volume 1, 505; (Pünder 1961), 58–9.

32.(Pünder 1961), 59–60; *VZ*, 15 September 1930, evening edition, 1.

33.(Wandel 1974), 154.

34.Hitler: Reden, Schriften, Anordnungen: Februar 1925 bis Januar 1933, Band III, Teil 3: Rede auf NSDAP-Versammlung in München, 18 July 1930, 279.

35.Hitler: Reden, Schriften, Anordnungen: Februar 1925 bis Januar 1933, Band III, Teil 3: Rede auf NSDAP-Führertagung in München, 27 July 1930, 291–2.

36.(Heyde 1998), 91; (Patch 1998), 102 and 130–1; (Schulz 1992), 123; (Kershaw 1999), 330; (Evans 2003), 218; (Herbert 2014), 280.

37.AdR, Brüning I,385.

38.*Le Temps*, 15 September 1930, 1.

39.(Evans 2003), 261–5; (Herbert 2014), 285–6.

40.*VZ*, 15 September 1930, evening edition, 2.

41.(Fröhlich 2005), 239(15 September 1930).

5 勒马回头

1.(Maurer, Wengst, and Heideking 1980), 383–6.

2.(Curtius 1948), 171.

3.(Pünder 1961), 60.

4.(Maurer, Wengst, and Heideking 1980), 385; AdR, Brüning I, 429.

5.AdR, Brüning I, 430.

6.*VZ*, evening edition, 15 September 1930.

7.*VZ*, evening edition,16 September 1930; (Brown 1988), 241.

8.AdR, Brüning I, 434 (footnote 2); (Heyde 1998), 95; *VZ*, 20 September 1930, evening edition, 1; *VZ*, 19 September 1930, evening edition, 5; *NYT*, 20 September 1930, 7.

9.AdR,Brüning I, 432–4; (Maurer, Wengst, and Heideking 1980), 397–400.

10.(Heyde 1998),61.

11.(Maurer, Wengst, and Heideking 1980), 379; AdR, Brüning I, 432–4; (Bennett 1962), 17.

12.Cf. biography by (Partnoy 2009).

13.AdR, Brüning I, 434; (Brown 1988), 244; *VZ*, 20 September 1930, morning edition, 5.

14.AdR, Brüning I, 447–9; *VZ*, 25 September 1930, evening edition, 5; *VZ*, 26 September 1930, morning edition, 14.

15.Schäffer, Diary, 26 September 1930; (Bachmann 1996), 213; AdR,

Brüning I, 480–1.

16.Schäffer, Diary, 28 September 1930; all questions and answers are listed in AdR, Brüning I, No. 127; AdR, Brüning I, 502 (footnote 2); (Heyde 1998), 95, 125.

17.AdR,Brüning I,498;Schäffer,Diary,2 October 1930.Cf. Schäffer, Diary, 1 October 1930: Krosigk tells Schäffer about the treasuries.

18.AdR, Brüning I, 498–504. Cf. Schäffer, Diary, 2 October and 5 October 1930.

19.AdR,Brüning I,502–3(see also 504:'Anlage'); Schäffer,Diary,6 October 1930.

20.(Pünder 1961), 61–2. See AdR, Brüning I, 470–5, for a complete list. Cf. (Wandel 1974), 154.

21.AdR, Brüning I, 469; (Wandel 1974), 154; Schäffer, Diary, 1 October 1930; *VZ*, 1 October 1930, morning edition, 2; (Pünder 1961), 64.

22.*VZ*, 7 October 1930, morning edition, 1–2.

23.(Fröhlich 2005), 255 (6 October 1930). Later sources report that Hitler had an inferiority complex towards Brüning: (Patch 1998), 136.

24.(Brüning 1970),191–6;(Treviranus 1968),162.

25.For a critical assessment of Brüning's memoirs see (Morsey 1975),

(Hömig 2000), 20–2; (Patch 1998), 135.

26.AdR,Brüning I,511.

27.Schäffer,Diary,8 October 1930;*VZ*,9 October 1930,evening edition,1.

28.See the biography by(Kopper 2006).

29.(Wala 2001),161–2;Schäffer,Diary,1 October 1930;*NYT*,3 October 1930: Notes of Social Activities in New York and Elsewhere.

30.(Schacht 1953),342;*NYT*,3 October 1930.

31.*NYT*,4 October 1930,8.Cf.(Heyde 1998),101.

32.*VZ*,7 October 1930,evening edition,2;(Brüning 1970),197;*VZ*,10 October 1930, morning edition, 1.

33.Schäffer,Diary,10 October and 14 October 1930.

34.Schäffer,Diary,11 October 1930;(Bennett 1962),19;(Bachmann 1996),218.

35.Schäffer,Diary,10 October 1930;*VZ*,12 October 1930,Sunday edition,1; (Pünder 1961), 67.

36.*VZ*, 14 October 1930, evening edition, 1; (Brüning 1970), 199; (Heyde 1998), 96; *VZ*, 14 October 1930, morning edition, 2.

37.*VZ*, 14 October 1930, morning edition, 2.

38.*VZ*, 14 October 1930, morning edition, 5; *VZ*, 14 October 1930, evening edition, 2.

39.*VZ*, 15 October 1930, morning edition, 1; *VZ*, 15 October 1930, evening edition, 1; *VZ*, 16 October 1930, evening edition, 1. Cf. (Brüning 1970), 199–200.

40.Verhandlungen des Reichstags,18 October 1930, 112–201; *VZ*, 19 October 1930, evening edition, 1.

41.(Pünder 1961), 67; *VZ*, 19 October 1930, evening edition, 1; (Hardach 1976), 121; (Brüning 1970), 201.

6 “俾斯麦之后第一位真正的总理”

1.*The Times*, 21 October, 1930, 14; (Brown 1988), 246; *VZ*, 18 November 1930, evening edition, Finanz-und Handelsblatt der Vossischen Zeitung. Cf. (Hardach 1976), 121.

2.AdR, Brüning I, 509.

3.Hitler, *Sunday Express*, 28 September 1930, in Hitler: Schriften, Reden, Anordnungen: Band III, Teil 3, 455.

4.(Maurer,Wengst,and Heideking 1980),417–19.

5.(Heyde 1998),125;(Eichengreen 2015),136.

6.*Le Temps*,16 September 1930,1;*Le Figaro*,16 September 1930,1.

7.(Bennett 1962), 17; (Heyde 1998), 135; (Maurer, Wengst, and Heideking 1980), 400–1.

8.(Shamir 1989),5–7;(Eichengreen 2015),134–46.

9.*The Times*,16 September 1930,13(editorial);*The Economist*,20 September 1930, 512; (Brown 1988), 242. Cf. *The Economist*, 4 October 1930, 620–1.

10.DBFP 1919–39,Second Series,Volume 1,525–27,535,537.Cf.(Bennett 1962), 26ff., on British demarche on 10 December, 1930.

11.*NYT*,16 September 1930,3 and 20(editorial).

12.(Wicker 1996),24ff.

13.*NYT*,19 October 1930,36;FRUS,1930,Volume 3,89.

14.(Somary 1931).

15.(Somary 1986),162.

16.Schäffer,Diary,15 December 1930.

17.AdR, Brüning I,728–9.

18.AdR, Brüning I,755–8.

19.(Fromm 1990),24 and 28.Cf.portrait of Sackett in *VZ*,20 January 1930, evening edition, 1.

20.(Bennett 1962),31;AdR, Brüning I,757–8.

21.Stimson, Diary, 10 October 1930 and 28 December 1930, quoted in

(Link 1970), 499. Cf. (Link 1970), 505.

22.*NYT*,12 January 1931,1.

23.*NYT*,16 January 1931,1.

24.*NYT*,12 January 1931,1,and 16 January 1931,1;(Bennett 1962),38.

25.*Chicago Tribune*,10 March,1931,22;(Burke 1994),112; (Bennett 1962),37.

26.(Brüning 1970),230;(Hardach 1976),123;(Link 1970), 492; AdR, Brüning I, 855 (footnote 2) and 856–7.

27.(Bachmann 1996), 235ff.; (Burke 1994), 115; (Ferguson and Temin 2003), 13; (Schulz 1992), 294ff.; *VZ*, 9 February 1931, evening edition, 1; *NYT*, 17 February 1931, 8.

28.(Brown 1988),247;(Heyde 1998),119;(Hardach 1976), 123–4; (Wandel 1974), 169; *NYT*, 12 January 1931, 1.

29.(Schulz 1992), 282–3; (Rödder 1996), 92; DBFP 1919–39, Second Series, Volume 1, 559.

30.*NYT*,12 January 1931,1;(Bennett 1962),123.

31.DBFP 1919–39,Second Series,Volume 1,577–8 and 580.

32.AdR, Brüning I, 963 (footnote 6); AdR, Brüning I, 1018 (footnote 5); Cf. (Heyde 1998), 167–9; (Curtius 1948), 213; *The Times*, 5 June 1931, 15 (editorial).

33.*NYT*,14 February 1931,9.

34.(Schäffer 2008),23.

35.(Rödder 1996),122.Cf.(Bennett 1962),93.

第三部分：绝望

7 化圆为方

1.AdR, Brüning I,926–7.Cf.(Patch 1998),150.

2.(Pünder 1961),93.

3.AdR, Brüning I,970–1.

4.*VZ*,20 March 1931,evening edition,1;*The Times*,Saturday,21 March 1931; 11. ADAP, Serie B, Band XVII, 93–6. The precise chronology is described in (Rödder 1996), 202–3.

5.*Le Temps*,23 March 1931,1(editorial);*Le Petit Parisien*, 29 March 1931,1;*NYT*, 23 March 1931, 2.

6.FRUS,1931,Volume 1,590.The standard story highlights the article published by the *Neue Freie Presse* (Vienna) on 17 March 1931. But according to (Bennett 1962), 58, and (Hömig 2000), 299, the French knew about it a few days earlier.

7.(Curtius 1948), 195; (Knipping 1987), 215; *The Times*, 25 March 1931, 14; (Rödder 1996), 205–6; DBFP, 1919–39, Second Series, Volume 2, 12–14. AdR, Brüning I, 984–6; *NYT*, 25 March 1931. Cf. FRUS, 1931, Volume 1, 572ff.

8.AdR, Brüning I, 970; (Hömig 2000), 296; Vansittart quoted in (Rödder 1996), 200 (footnote 91).

9.AdR, Brüning I,970.

10.(Brüning 1970),263–70.Cf.(Hömig 2000),302,is also critical of Brüning's indecision regarding the plan.

11.*NYT*,1 April 1931.

12.(Balderston 1993), 5; *Der deutsche Volkswirt*, Die Konjunktur, 3 April 1931; *VZ*, 17 April 1931, evening edition, 7; Sackett quoted in (Ferguson and Temin 2003), 39.

13.(Büttner 2008),421;(Patch 1998),147;*VZ*,27 March 1931,morning edition,1; (Evans 2003), 269–70; (Pünder 1961), 94.

14.(Fröhlich 2005), 376 (1 April 1931); (Burke 1994), 160ff.; (Fröhlich 2005), 378 (4 April 1931).

15.(Knortz 2010),247;German Medical Association quoted in *NYT*,20 June 1931, 8; *Freie Welt* quoted by (Herbert 2014), 265.

16.AdR, Brüning I,1043;AdR, Brüning I,1053.

17.AdR, Brüning I,1054–7.

18.AdR, Brüning I,1962–3;Schäffer,Diary,11 May and 12 May 1931;(Schubert 1991), 10; (Macher 2015), 12–15. The Austrian crisis had little impact on German banks: (Schnabel 2004a), 852; (Hardach 1976), (James 1984), (Ferguson and Temin 2003), and (Burhop 2011), 20–1.

19.Quoted in(Leith-Ross 1968),133.

20.(Schubert 1991),12;(Marcus 2011),302 and 306.

21.*Neue Freie Presse*,29 May 1931,morning edition,1.

22.*VZ*,12 May 1931,evening edition,5;Schäffer,12 May 1931.

23.*VZ*,9 May 1931,morning edition,1.

24.The SPD,the DDP,and the DVP lost 8 per cent,7.5 per cent and 13.6 per cent respectively. The turnout was high: 75 per cent against 70 per cent in the last elections of May 1928. (Fröhlich 2005), 409 (19 May 1931); (Maurer, Wengst, and Heideking 1980), 623–7, quote on 626; AdR, Brüning I, 1140–2; (Heyde 1998), 173. On 26 May, the Brüning cabinet discussed a rescue package for Vienna: AdR, Brüning I, 1104–6.

25.*VZ*,19 May 1931,evening edition,1–2;*Le Temps*,1 June 1931,editorial,1; *VZ*, 11 June 1931, evening edition, 1. Cf. (Brüning

1970), 272–3.

26.AdR, Brüning I,1147.Cf.(Maurer,Wengst,and Heideking 1980),632–6.

27.AdR, Brüning I,1171 and 1178;(Schwerin von Krosigk 1974),68. Cf.(Pünder 1961), 98.

28.AdR, Brüning I, 1178; (Brüning 1970), 278; (Pünder 1961), 98; *The Times*, 4 June 1931, 14; *The Times*, 5 June 1931, 15.

29.(Schmidt 1949),201–3;(Brüning 1970),278.

30.*The Times*,5 June 1931,14;*The Times*,Saturday,6 June 1931,12.

31.*The Times*,Saturday,6 June 1931,15;(Brüning 1970),279.

32.(Brüning 1970),279;Schäffer,Diary,5 June 1931;AdR, Brüning I,1183.

33.(Brüning 1970),279–81.

34.(Schmidt 1949),205;FRUS 1931,Volume 1,007,General,10.

35.(Brüning 1970),281;(Leith-Ross 1968),134;DFBP 1919–39,Second Series, Volume 2, 71–7. Cf. (Schmidt 1949), 205–6.

36.DFBP 1919–39, Second Series, Volume 2, 71–7; (Maurer, Wengst, and Heideking 1980), 650.

37.DBFP 1919–39,Second Series,Volume 2,74.Cf.(Schmidt 1949),209.

38.(Toniolo 2005),88–97.

39.DBFP 1919–39,Second Series,Volume 2,76.

40.(Bennett 1962),128;*The Sunday Times*(London),Sunday, 7 June 1931,15.

41.DBFP 1919–39,Second Series,Volume 2,77;(Brüning 1970),283.

42.(Brüning 1970),284.

43.(Schmidt 1949),213–14;(Bennett 1962),141–2;(Pünder 1961),99.

44.(Heyde 1998),189;(Schmidt 1949),214–15.

8 来自华盛顿的帮助

1.(James 1986),302;*VZ*,9 June 1931,evening edition,5;(Priester 1932),23.

2.(Priester 1932),22–3;(Born 1967),71;*VZ*,5 June 1931,evening edition,5.

3.See the debate between I.Schnabel and T.Ferguson/P. Temin: (Schnabel 2004a), (Ferguson and Temin 2004), and (Schnabel 2004b).

4.(Feldman 1994),316.

5.(Born 1967), 96–7; (Feldman 1994), 318; (James 1986), 310; (Bähr and Rudolph 2011), 48.

6.(James 2013),122;(Feldman 1994),324.

7.(Eichengreen 2015),144.

8.(Pünder 1961),99;(Hardach 1976),128;AdR, Brüning I,1189 and 1190–1; (Maurer, Wengst, and Heideking 1980), 653 (footnote 17). Cf. *VZ*, 12 June 1931, morning edition, 1.

9.(Hömig 2000),277;*VZ*,12 June 1931,evening edition,3.

10.AdR, Brüning I,1191(footnote 1);(Brüning 1970),286–7.

11.(Priester 1932),24;(Born 1967),73;(Fröhlich 2004),37(13 June 1931).

12.(Pünder 1961),100;AdR, Brüning I,1214(footnote 6).

13.AdR, Brüning I,1198–204;(Pünder1961),100.

14.*VZ*,16 June 1931,evening edition,1;AdR, Brüning I,1212 and 1214(footnote 6).

15.(Pünder 1961),100.

16.(Luther 1964),170;(Born 1967),76–7;(Priester 1932),31.

17.The correct name is Landesbank of the Rheinprovinz.*VZ*, 18 June 1931, evening edition, 5; (Bähr and Rudolph 2011), 72; AdR, Brüning I, 1295–6 and 1298–300; (Burhop 2011), 15.

18.(Bähr and Rudolph 2011),41;Schäffer,Diary,19 June 1931;*The Economist*, 20 June 1931.

19.*VZ*,20 June 1931,morning edition,1;Herbert Hoover:'Statement About Conferences on the Economic Situation in Germany.' 19 June 1931. Online by Gerhard Peters and John T. Woolley, *The American Presidency Project.* <http://www.presidency.ucsb.edu/ws/?pid=22717>.

20.Schäffer,Diary,20 June 1931.

21.The exact time is drawn from(Brüning 1970),292.

22.(Pünder 1961), 101; (Heyde 1998), 195; DBFP 1919–39, Second Series, Volume 2, 85–6; (Brüning 1970), 292; FRUS 1931, Volume 1, 39; Schäffer, Diary, 20 June 1931.

23.FRUS 1931,Volume 1,32–9;(Brüning 1970),292;Schäffer,Diary,20 June 1931; (Pünder 1961), 101.

24.FRUS, 1931, Volume 1, 33; Herbert Hoover: 'Statement Announcing the Proposal of the Moratorium on Intergovernmental Debts', 21 June 1931. Online by Gerhard Peters and John T. Woolley, *The American Presidency Project.* <http://www.presidency.ucsb.edu/ws/?pid=22720>.

25.Herbert Hoover: 'Statement Announcing the Proposal of the Moratorium on Intergovernmental Debts', 21 June 1931. Online by Gerhard Peters and John T. Woolley, *The American Presidency*

Project. <http://www.presidency.ucsb.edu/ws/?pid=22720>.

26.(Bennett 1962),136;(Rappleye 2016),188.

27.Herbert Hoover, Public Papers, 1931: containing the public messages, speeches, and statements of the president, 1 January to 31 December 1931, 657–8; (Burke 1994), 127.

28.Hoover,Public Papers,Volume 2,1931,659.

29.(Heyde 1998),170;Hoover,Public Papers,Volume 2,1931,Supplement I, 658–9.

30.Stimson, Diary, 13 July 1931, quoted in (Rappleye 2016), 257–9; Hoover, Public Papers, 1931, Volume 2, Supplement I, 662.

31.*NYT*, 11 June 1931, 2.

32.Hoover,Public Papers,Volume 2,1931,Supplement I,668.(14 June 1931).

33.FRUS,1931,Volume 1,19;Hoover,Memoirs,Volume 3,68;(Schäffer 2008), 31–2; Stimson, Diary, 19 June 1931, quoted in (Wala 2001), 174.

34.(Priester 1932),31.

35.*NYT*,22 June 1931,15;*The Times*,22 June 1931,13.

36.Speech of Brüning on 23 June 1931. English version in FRUS, 1931, Volume 1, 51.

37.(Fröhlich 2004),44(24 June 1931).

9 尾声

1.(Johnson and Moggridge 1978),554.

2.(Heyde 1998),206;*Le Figaro*,22 June 1931,1;*Le Figaro*,23 June 1931,3(revue de la presse); *Le Temps*, 22 June 1931, 1 (bulletin du jour); *Le Figaro*, 25 June 1931, 5 (revue de la presse); FRUS, 1931, Volume 1, 44.

3.FRUS, 1931, Volume 1, 46; Castle, Diary, 23 June 1931, quoted in (Wala 2001), 176.

4.FRUS,1931,Volume 1,63.

5.FRUS,1931,Volume 1,62–5;(Bennett 1962),173–4.

6.FRUS,1931,Volume 1,62;ADAP,Serie B,Volume XVII,481–3.

7.FRUS, 1931, Volume 1, 82: Edge to Acting Secretary of State; ADAP, Serie B, Volume XVII, 502–5.

8.FRUS,1931,Volume 1,66,83.

9.FRUS,1931,Volume 1,42–3.

10.(Bennett 1962),170–2.

11.(Heyde 1998),213;FRUS,1931,Volume 1,83.

12.Quoted in(Heyde 1998),182.

13.e.g.(Eichengreen 1992).Cf.critique by(Tooze 2014),496.

14.FRUS,1931,Volume 1,83–4.Cf.(Bennett 1962),183.

15.(Heyde 1998),217.

16.(Heyde 1998),220–1.

17.FRUS,1931,Volume 1,132;(Bennett 1962),189–99.

18.Hoover,Public Papers,672;(Pünder 1961),154.

19.(Bennett 1962),176.

20.(Bennett 1962),176;Hoover,Public Papers,672–3;FRUS,1931,Volume 1, 160–1.

21.Schäffer,Diary,6 July 1931;(Pünder 1961),103.

22.(Bennett 1962),176.

23.AdR, Brüning I, 1288–9; (Luther 1964), 178: On Friday, 26 June 1931, the Reichsbank lost RM 25 million. On Saturday, 27 June 1931, the loss amounted to RM 45 million.

24.(Luther 1964),173–4;(Born 1967),90.

25.AdR, Brüning I,1264–8,1281.(Priester 1932),37,43–4;(Born 1967),85.The rumour was first rejected: e.g. *VZ*, 7 July 1931, morning edition, 1. The leak came from Deutsche Bank.

26.(Bähr and Rudolph 2011),30 and 72;(Luther 1964),179;AdR, Brüning I,1295.

27.(Maurer, Wengst, and Heideking 1980), 733–40. AdR, Brüning I, 1292–4 and 1301–2. Cf. (Pünder 1961), 154; *The Times*, 8 July 1931, 14; *The Economist*, 11 July 1931, 61–2.

28.(Luther 1964),184–5.

29.(Brüning 1970), 310; (Pünder 1961), 157–8; (Maurer, Wengst, and Heideking 1980), 825–42.

30.Schäffer,Diary,10 July 1931.

31.(Maurer,Wengst,an dHeideking 1980),740–6.

32.(Maurer, Wengst, and Heideking 1980), 740–6. Cf. (Pünder 1961), 159; (James 1986), 313–14; (Pünder 1961), 159.

33.Schäffer,Diary,11 July 1931;AdR, Brüning I,1323–4(footnote 6).

34.AdR, Brüning I,1323–4.

35.(Maurer, Wengst, and Heideking 1980), 749–50; AdR, Brüning I, 1326 (footnote 13); (Pünder 1961), 159–61; (Luther 1964), 188–9; (Born 1967), 95–8.

36.AdR, Brüning I,1329 and 1333;(Priester 1932),60.

37.AdR, Brüning I,1334–7;Schäffer,Diary,12 July 1931; FRUS, 1931, Volume 1, 250–1; (Born 1967), 86, 95, and 100; (Burhop 2011), 22–3.

38.AdR, Brüning I,1334–7;(Brüning 1970),317.

39.AdR, Brüning I,1338–44.

40.(Brüning 1970), 317–18. Cf. Schäffer, Diary, 12 July 1931, and (Priester 1932), 70–2.

41.Schäffer,Diary,12 July 1931;AdR, Brüning I,1340.

42.AdR, Brüning I,1341;(Schacht 1953),360–2.

43.AdR, Brüning I,1342;(Maurer,Wengst,and Heideking 1980),750–1.

44.AdR, Brüning I,1342;Schäffer,Diary,12 July 1931.

45.(Priester 1932), 75; (Pünder 1961), 161; AdR, Brüning I, 1342.

46.*The Times*, 13 July 1931, 12; (Luther 1964), 193.

10 希特勒的崛起

1.(Schäffer 2008), 47–8; Schäffer, Diary, 13 July 1931.

2.(Priester 1932), 77; (Pünder 1961), 162; Schäffer, Diary, 13 July 1931; (Brüning 1970), 320; (Schäffer 2008), 48.

3.AdR, Brüning I, 1348–52.

4.AdR, Brüning I, 1352–3; Schäffer, Diary, 13 July 1931.

5.AdR, Brüning I, 1356–66; (Accominotti and Eichengreen 2016); *The Economist*, 19 July 1931, 102.

6.DBFP 1919–39,Second Series,Volume 2,1931,No.225.

7.(Bähr and Rudolph 2011), 79–110; (James 2013), 126–7; Royal Institute of International Affairs, Survey 1931, 87.

8.(Heyde 1998),321.

9.(Eichengreen 2008),82.

10.(Balderston 1993),2;(Balderston 2002),79;(Ritschl 2013), 131; GDP figures: The Maddison-Project, <http://www.ggdc.net/maddison/maddison- project/home.htm> (2013 version). On the question of devaluation see (Straumann 2009).

11.(Toynbee 1932),1,59,and 60.

12.(Herbert 2014),272–3.

13.(Evans 2003),224;(Herbert 2014),280–3.For a biographical approach to Hitler see (Kershaw 1999), (Longerich 2015), and (Ullrich 2016).

14.Hitler: Reden, Schriften, Anordnungen: Februar 1925 bis Januar 1933, Band IV, Teil 2, Dok. 9, 35–6. The interview was published on 15 July 1931 in *The New York Herald*, Paris.

15.Hitler: Reden, Schriften, Anordnungen: Februar 1925 bis Januar 1933, Band IV, Teil 2, Dok. 13, 43–4. (Völkischer Beobachter, 1 August 1931).

16.Survey of International Affairs 1931,322.

17.Hitler: Reden, Schriften, Anordnungen: Februar 1925 bis Januar 1933, Band IV, Teil 2, Dok. 46, 134–58. (Völkischer Beobachter, 16 August 1931).

18.(Fröhlich 2005),56(14 July 1931).

结语

1.Quoted in (Wandel 1974),250.

2.The 'secret history of the banking crisis' was written during the crisis. The report given to Wallenberg was written in 1934. Cf. (Wandel 1974), 193–6, 291–7.

3.(Schäffer 2008),1.

4.Schäffer,Diary,6 May 1931.

5.(Wandel 1974),222.

参考文献

Accominotti, Olivier. 2012. 'London Merchant Banks, the Central European Panic, and the Sterling Crisis of 1931', *The Journal of Economic History*, 72: 1–43.

Accominotti, Olivier, and Barry Eichengreen. 2016. 'The Mother of All Sudden Stops: Capital Flows and Reversals in Europe, 1919–32', *The Economic History Review*, 69: 469–92.

Akten der Reichskanzlei: Die Kabinette Brüning I und II, edited by Tilman Koops, Boppard am Rhein: Boldt, 1982. (Abbreviation: AdR, Brüning)

Akten der Reichskanzlei: Das Kabinett Müller II, edited by Martin Vogt, Boppard am Rhein: Harald Boldt, 1970. (Abbreviation: AdR, Müller)

Akten zur deutschen Auswärtigen Politik, 1918–1945: Aus dem Archiv des deutschen Auswärtigen Amtes. Serie B: 1925–1933.

Göttingen: Vandenhoeck & Ruprecht, 1966–83. (Abbreviation: ADAP)

Bachmann, Ursula. 1996. *Reichskasse und öffentlicher Kredit in der Weimarer Republik 1924–1932* (P. Lang: Frankfurt am Main, New York).

Bähr, Johannes, and Bernd Rudolph. 2011. *Finanzkrisen 1931, 2008* (Piper: München).

Balderston, Theo. 1993. *The Origins and Course of the German Economic Crisis: November 1923 to May 1932* (Haude & Spener: Berlin).

Balderston, Theo. 2002. *Economics and Politics in the Weimar Republic* (Cambridge University Press: Cambridge, New York).

Bennett, Edward W. 1962. *Germany and the Diplomacy of the Financial Crisis, 1931* (Harvard University Press: Cambridge, Mass.).

Borchardt, Knut. 1991. *Perspectives on Modern German Economic History and Policy* (Cambridge University Press: Cambridge, New York).

Bordo, Michael, and Harold James. 2015. 'Capital Flows and Domestic and International Order: Trilemmas from Macroeconomics to Political Economy and International Relations', *NBER Working Paper 21017*.

Born, Karl Erich. 1967. *Die deutsche Bankenkrise 1931* (Piper: München).

Bromhead, Alan de, Barry Eichengreen, and Kevin O'Rourke. 2013. 'Political Extremism in the 1920s and 1930s: Do German Lessons Generalize?', *The Journal of Economic History*, 73: 371–406.

Brown, Brendan. 1988. *Monetary Chaos in Europe* (Croom Helm: London, New York).

Brüning, Franziska. 2010. *La France et le chancelier Brüning: imaginaire et politique, 1930–1932* (Éditions universitaires de Dijon: Dijon).

Brüning, Heinrich. 1970. *Memoiren 1918–1934* (Deutsche Verlags-Anstalt: Stuttgart).

Burhop, Carsten. 2011. 'The Historiography of the 1931 Crisis in Germany.' In *Jahrbuch für Wirtschaftsgeschichte/Economic History Yearbook*, 52 (2): 9.

Burke, Bernard V. 1994. *Ambassador Frederic Sackett and the Collapse of the Weimar Republic, 1930–1933: The United States and Hitler's Rise to Power* (Cambridge University Press: Cambridge,

New York).

Büttner, Ursula. 2008. *Weimar: die überforderte Republik 1918–1933: Leistung und Versagen in Staat, Gesellschaft, Wirtschaft und Kultur* (Klett-Cotta: Stuttgart).

Crafts, Nicholas, and Peter Fearon. 2010. 'Lessons from the 1930s Great Depression', *Oxford Review of Economic Policy*, 26: 285–317.

Curtius, Julius. 1948. *Sechs Jahre Minister der Deutschen Republik* (C. Winter: Heidelberg).

Curtius, Julius. 1950. *Der Young-Plan; Entstellung und Wahrheit* (F. Mittelbach: Stuttgart).

Documents on British Foreign Policy 1919–1939. 1946–1984. Edited by E. L. Woodward et al., London: Her Majesty's Stationery Office. (Abbreviation: DBFP)

Eichengreen, Barry J. 1992. *Golden Fetters: The Gold Standard and the Great Depression, 1919–1939* (Oxford University Press: New York).

Eichengreen, Barry J. 2008. *Globalizing Capital: A History of the International Monetary System* (Princeton University Press: Princeton).

Eichengreen, Barry J. 2015. *Hall of Mirrors: The Great Depression, the Great Recession, and the Uses—and Misuses—of History* (Oxford University Press: *New York).*

Enquête-Ausschuss. 1929. *Die Reichsbank* (Mittler: Berlin).

Evans, Richard J. 2003. *The Coming of the Third Reich* (A. Lane: London).

Feinstein, C. H., Peter Temin, and Gianni Toniolo. 1997. *The European Economy between the Wars* (Oxford University Press: Oxford, New York).

Feldman, Gerald D. 1993. *The Great Disorder: Politics, Economics, and Society in the German Inflation, 1914–1924* (Oxford University Press: New York).

Feldman, Gerald D. 1994. 'Jakob Goldschmidt, the History of the Banking Crisis of 1931, and the Problem of Freedom of Manoeuvre in the Weimar Economy', in Christoph Buchheim, Michael Hutter, and Harold James (eds), *Zerrissene Zwischenkriegszeit: Wirtschaftshistorische Beiträge* (Nomos: Baden-Baden).

Ferguson, Thomas, and Peter Temin. 2003. 'Made in Germany: The German Currency Crisis of July 1931', *Research in Economic History*, 21: 1–53.

Ferguson, Thomas, and Peter Temin. 2004. 'Comment on "The

German Twin Crisis of 1931" ', *The Journal of Economic History*, 64: 872–6.

Fröhlich, Elke (ed.). 2004. *Die Tagebücher von Joseph Goebbels, Teil I: Aufzeichnungen 1923–1941* (K. G. Saur: München).

Fröhlich, Elke (ed.). 2005. *Die Tagebücher von Joseph Goebbels, Teil I: Aufzeich- nungen* (K. G. Saur: München).

Fromm, Bella. 1990. *Blood and Banquets: A Berlin Social Diary* (Carol Pub. Group: New York).

Galofré-Vilà, Gregori, Christopher M. Meissner, Martin McKee, and David Stuckler. 2017. 'Austerity and the Rise of the Nazi Party', *NBER Working Paper 24106.*

Gomes, Leonard. 2010. *German Reparations, 1919–1932: A Historical Survey* (Palgrave Macmillan: Basingstoke).

Hantke, M. A. X., and Mark Spoerer. 2010. 'The Imposed Gift of Versailles: The Fiscal Effects of Restricting the Size of Germany's Armed Forces, 1924–9', *The Economic History Review*, 63: 849–64.

Hardach, Gerd. 1976. *Weltmarktorientierung und relative Stagnation: Währungspolitik in Deutschland 1924–1931* (Duncker und Humblot: Berlin).

Herbert, Ulrich. 2014. *Geschichte Deutschlands im 20. Jahrhundert*

(C. H. Beck: München).

Hesse, Jan-Otmar, Roman Köster, and Werner Plumpe. 2015. *Die Grosse Depression: Die Weltwirtschaftskrise 1929–1939* (Bundeszentrale für politische Bildung: Bonn).

Heyde, Philipp. 1998. *Das Ende der Reparationen: Deutschland, Frankreich und der Youngplan 1929–1932* (F. Schöningh: Paderborn).

Holtfrerich, Carl-Ludwig. 1986. *The German Inflation 1914–1923: Causes and Effects in International Perspective* (W. de Gruyter: Berlin).

Hömig, Herbert. 2000. *Brüning: Kanzler in der Krise der Republik: Eine Weimarer Biographie* (Schöningh: Paderborn).

Irwin, Douglas A. 2011. *Peddling Protectionism: Smoot–Hawley and the Great Depression* (Princeton University Press: Princeton).

James, Harold. 1984. 'The Causes of the German Banking Crisis of 1931', *The Economic History Review*, 37: 68–87.

James, Harold. 1985. *The Reichsbank and Public Finance in Germany, 1924–1933: A Study of the Politics of Economics during the Great Depression* (F. Knapp: Frankfurt am Main).

James, Harold. 1986. *The German Slump: Politics and Economics,*

1924–1936 (Clarendon Press, Oxford University Press: Oxford, New York).

James, Harold. 2009. *The Creation and Destruction of Value: The Globalization Cycle* (Harvard University Press: Cambridge, Mass).

James, Harold. 2013. 'The 1931 Central European Banking Crisis Revisited', in Hartmut Berghoff , Jürgen Kocka, and Dieter Ziegler (eds), *Business in the Age of Extremes: Essays in Modern German and Austrian Economic History* (Cambridge University Press: Cambridge).

James, Harold. 2014. 'International Capital Movements and the Global Order', in Larry Neal and Jeff rey G. Williamson (eds), *The Cambridge History of Capitalism*, volume 2 (Cambridge University Press: Cambridge).

Johnson, Elizabeth, and Donald Moggridge (eds). 1978. *The Collected Writings of John Maynard Keynes* (Cambridge University Press: Cambridge).

Kershaw, Ian. 1999. *Hitler* (W. W. Norton: New York).

Kershaw, Ian. 2015. *To Hell and back: Europe, 1914–1949* (Viking: New York).

Kindleberger, Charles P. 1973. *The World in Depression, 1929–1939*

(Allen Lane: London).

Knipping, Franz. 1987. *Deutschland, Frankreich und das Ende der Locarno-Ära 1928–1931: Studien zur internationalen Politik in der Anfangsphase der Weltwirtschaftskrise* (R. Oldenbourg: München).

Knortz, Heike. 2010. *Wirtschaftsgeschichte der Weimarer Republik: Eine Einführung in Ökonomik und Gesellschaft der ersten Deutschen Republik* (Vandenhoeck & Ruprecht: Göttingen).

Kolb, Eberhard. 2003. *Gustav Stresemann* (C. H. Beck: München).

Kopper, Christopher. 2006. *Hjalmar Schacht: Aufstieg und Fall von Hitlers* mächtigstem Bankier (Hanser: München).

Leith-Ross, Frederick. 1968. *Money Talks: Fifty Years of International Finance. The Autobiography of Sir Frederick Leith-Ross* (Hutchinson: London).

Link, Werner. 1970. *Die amerikanische Stabilisierungspolitik in Deutschland 1921–32*(Droste Verlag: Düsseldorf).

Lohe, Eilert. 1961. *Der Bruch der Grossen Koalition und die Anfänge der Regierung Brüning im Urteil englischer Diplomaten: Eine Untersuchung der britischen Gesandtschaftsberichte über Fragen der deutschen Innen- und Aussenpolitik von der Bildung des Kabinetts Brüning bis zur Begegnung in Chequers, (März*

1930—Juni 1931) (Druck E. Reuter-Gesellschaft: Berlin).

Longerich, Peter. 2015. *Hitler: Biographie* (Siedler: München).

Luther, Hans. 1964. *Vor dem Abgrund, 1930–1933; Reichsbank-präsident in Krisenzeiten* (Propyläen Verlag: Berlin).

Macher, Flora. 2015. 'The Causes of the Austrian Crisis of 1931', *mimeo LSE.*

MacMillan, Margaret. 2001. *Peacemakers: The Paris Conference of 1919 and its Attempt to End War* (J. Murray: London).

McNeil, William C. 1986. *American Money and the Weimar Republic: Economics and Politics on the Eve of the Great Depression* (Columbia University Press: New York).

Marcus, Nathan. 2011. 'Credibility, Confidence and Capital: Austrian Reconstruction and the Collapse of Global Finance: 1921–1931', PhD thesis New York University.

Marks, Sally. 1978. 'The Myths of Reparations', *Central European History*, 11: 231–55.

Maurer, Ilse. 1973. 'Reichsfinanzen und Grosse Koalition: Zur Geschichte des Reichskabinetts Müller (1928–1930)', Originally presented as the author's thesis, Heidelberg.

Maurer, Ilse, Udo Wengst, and Jürgen Heideking (eds). 1980. *Politik und Wirtschaft in der Krise 1930–1932: Quellen zur Ära Brüning* (Droste: Düsseldorf).

Meissner, Otto. 1950. *Staatssekretär unter Ebert, Hindenburg, Hitler: Der Schicksalsweg des deutschen Volkes von 1918–1945, wie ich ihn erlebte* (Hoff mann &*Campe: Hamburg).*

Menken, Jules. 1931. 'The German Economy and Reparations', *Survey of International Aff airs 1930.*

Mertz-Rychner, Claudia (ed.). 1991. *Briefwechsel Hugo von Hofmannsthal, Carl Jacob Burckhardt* (Fischer: Frankfurt).

Monnet, François. 1993. *Refaire la République: André Tardieu, une dérive réactionnaire (1876–1945)* (Fayard: Paris).

Morsey, Rudolf. 1975. *Zur Entstehung, Authentizität und Kritik von Brünings 'Memoiren 1918–1934'* (Westdeutscher Verlag: Opladen).

Moulton, Harold G., and Leo Pasvolsky. 1932. *War Debts and World Prosperity* (The Brookings Institution: New York).

Mouré, Kenneth. 1991. *Managing the Franc Poincaré: Economic Understanding and Political Constraint in French Monetary Policy, 1928–1936* (Cambridge University Press: Cambridge, New York).

Papers relating to the Foreign Relations of the United States 1930–1934, Washington, DC: United States Government Printing Office,

1945–51. (Abbreviation: FRUS)

Partnoy, Frank. 2009. *The Match King: Ivar Kreuger, the Financial Genius behind a Century of Wall Street Scandals* (Public Affairs: New York).

Patch, William L. 1998. *Heinrich Brüning and the Dissolution of the Weimar Republic* (Cambridge University Press: Cambridge, New York).

Polanyi, Karl. 1944. *The Great Transformation* (Farrar & Rinehart: New York).

Ponticelli, Jacopo, and Hans-Joachim Voth. 2012. 'Austerity and Anarchy: Budget Cuts and Social Unrest in Europe, 1919–2009', *CEPR discussion paper.*

Priester, Hans Erich. 1932. *Das Geheimnis des 13. juli* (Georg Stilke: Berlin).

Pünder, Hermann. 1961. *Politik in der Reichskanzlei: Aufzeichnungen aus den Jahren 1929–1932 (Deutsche Verlags-Anstalt: Stuttgart).*

Pyta, Wolfram. 2007. Hindenburg: Herrschaft zwischen Hohenzollern und Hitler (Siedler: München).

Rappleye, Charles. 2016. *Herbert Hoover in the White House: The*

Ordeal of the Presidency (Simon & Schuster: New York).

Ritschl, Albrecht. 2002. *Deutschlands Krise und Konjunktur 1924–1934: Binnen- konjunktur, Auslandsverschuldung und Reparationsproblem zwischen Dawes-Plan und Transfersperre* (Akademie Verlag: Berlin).

Ritschl, Albrecht. 2013. 'Reparations, Deficits, and Debt Default: The Great Depression in Germany', in Nicholas Crafts and Peter Fearon (eds), *The Great Depression of the 1930s: Lessons for Today* (Oxford University Press: Oxford).

Ritschl, Albrecht, and Samad Sarferaz. 2014. 'Currency versus Banking in the Financial Crisis of 1931', *International Economic Review*, 55: 349–73.

Rödder, Andreas. 1996. *Stresemanns Erbe: Julius Curtius und die deutsche Aussenpolitik, 1929–1931* (Ferdinand Schöningh: Paderborn).

Rodrik, Dani. 2011. *The Globalization Paradox: Democracy and the Future of the World Economy* (W. W. Norton & Company: New York).

Schacht, Hjalmar Horace Greeley. 1953. *76 Jahre meines Lebens* (Kindler und Schiermeyer: Bad Wörishofen).

Schäffer, Hans. 1967. *Carl Melchior: Ein Buch des Gedenkens und der Freundschaft* (J. C. B. Mohr (Paul Siebeck): Tübingen).

Schäffer, Hans. 2008. *Marcus Wallenberg und die Deutsche Bankenkrise 1931* (Verlag Edmund Steinschulte: Wiesbaden).

Schmidt, Paul. 1949. *Statist auf diplomatischer Bühne, 1923–45* (Athenäum- Verlag: Bonn).

Schnabel, Isabel. 2004a. 'The German Twin Crisis of 1931', *The Journal of Economic History*, 64: 822–71.

Schnabel, Isabel. 2004b. 'Reply to Thomas Ferguson and Peter Temin's "Comment on 'The German Twin Crisis of 1931'"', *The Journal of Economic History*, 64: 877–8.

Schubert, Aurel. 1991. *The Credit-Anstalt Crisis of 1931* (Cambridge University Press: Cambridge, New York).

Schuker, Stephen A. 1988. *American 'Reparations' to Germany, 1919–33: Implications for the Third-World Debt Crisis* (International Finance Section, Dept. of Economics, Princeton University: Princeton).

Schulz, Gerhard. 1992. *Zwischen Demokratie und Diktatur: Verfassungspolitik und Reichsreform in der Weimarer Republik* (W. de Gruyter: Berlin, New York).

Schwerin-Krosigk, Lutz. 1951. *Es geschah in Deutschland; Menschenbilder unseres Jahrhunderts* (Rainer Wunderlich Verlag: Tübingen).

Schwerin von Krosigk, Lutz. 1974. *Staatsbankrott: Die Geschichte der Finanzpolitik des Deutschen Reiches von 1920 bis 1945* (Musterschmidt: Göttingen).

Shamir, Haim. 1989. *Economic Crisis and French Foreign Policy, 1930–1936* (E. J. Brill: Leiden, New York).

Somary, Felix. 1931. 'The American and European Economic Depressions and their Political Consequences', *International Affairs*, 10: 160–76.

Somary, Felix. 1932. *Ursachen der Krise* (J.C.B.Mohr (Paul Siebeck): Tübingen).

Somary, Felix. 1986. *The Raven of Zürich: The Memoirs of Felix Somary* (C. Hurst & Co., St Martin's Press: London, New York).

Somary, Wolfgang. 1994. 'Vorwort', in Felix Somary (ed.), *Erinnerungen eines politischen Meteorologen* (Matthes & Seitz: München).

Straumann, Tobias. 2009. 'Rule rather than Exception: Brüning's Fear of Devaluation in Comparative Perspective', *Journal of*

Contemporary History, 44: 603–17.

Straumann, Tobias. 2013. 'Einführung', in Wolfgang Somary (ed.), *Felix Somary: Erinnerungen an mein Leben* (Verlag Neue Zürcher Zeitung: Zurich).

Straumann, Tobias, Peter Kugler, and Florian Weber. 2017. 'How the German Crisis of 1931 Swept across Europe: A Comparative View from Stockholm', *The Economic History Review*, 70: 224–47.

Tabouis, Geneviève. 1958. *Vingt ans de suspense diplomatique* (Albin Michel: Paris).

Temin, Peter, and David Vines. 2013. *The Leaderless Economy: Why the World Economic System Fell apart and How to Fix it* (Princeton University Press: Princeton).

Toniolo, Gianni. 2005. *Central Bank Cooperation at the Bank for International Settlements, 1930–1973* (Cambridge University Press: Cambridge, New York).

Tooze, J. Adam. 2014. *The Deluge: The Great War, America and the Remaking of the Global Order, 1916–1931* (Viking Adult: New York).

Toynbee, Arnold. 1932. 'Part I. The World Crisis: (i) Annus Terribilis 1931', in Royal Institute of International Affairs (ed.), *Survey of*

International Affairs 1931 (Oxford University Press: London), 1–161.

Treviranus, Gottfried Reinhold. 1968. *Das Ende von Weimar: Heinrich Brüning und seine Zeit* (Econ-Verlag: Düsseldorf).

Ullrich, Volker. 2016. *Hitler: Ascent, 1889–1939* (Alfred A. Knopf: New York).

Unger, Gérard. 2005. *Aristide Briand* (Fayard: Paris).

Voth, Hans-Joachim. 2003. 'With a Bang, Not a Whimper: Pricking Germany's: Stockmarket Bubble in 1927 and the Slide into Depression', *Journal of Economic History, 63: 65–99.*

Wala, Michael. 2001. *Weimar und Amerika: Botschafter Friedrich* von Prittwitz und *Gaffron und die deutsch-amerikanischen Beziehungen von 1927 bis 1933* (F. Steiner: Stuttgart).

Wandel, Eckhard. 1974. *Hans Schäffer: Steuermann in wirtschaftlichen und politischen Krisen* (Deutsche Verlags-Anstalt: Stuttgart).

Wehler, Hans-Ulrich. 2003. *Vom Beginn des Ersten Weltkriegs bis zur Gründung der beiden deutschen Staaten, 1914–1949* (C. H. Beck: München).

Wicker, Elmus. 1996. *The Banking Panics of the Great Depression*

(Cambridge University Press: Cambridge, New York).

Winkler, Heinrich August. 2000. *Der Lange Weg nach Westen* (Beck: München).

Wolf, Nikolaus. 2010. 'Europe's Great Depression: Coordination Failure after the First World War', *Oxford Review of Economic Policy*, 26: 339–69.

Zweig, Stefan. 2013. *The World of Yesterday* (University of Nebraska Press: Lincoln, Nebr.).

图片出处

地图

1.Based on information from Zahlenbilder,Bergmoser & Höller Verlag AG, Aachen.

2.Based on information from Zahlenbilder,Bergmoser & Höller Verlag AG, Aachen.

统计图

1.Moulton and Pasvolsky (1932).

2.Schuker (1988), 44–5.

3.NBER microhistory (<http://www.nber.org/databases/macro-history/contents/chapter11.html>).

4.James (1985), 359–60.

5.NBER macrohistory (<http://www.nber.org/databases/macrohistory/contents/chapter01.html>).

6.Balderston (1993), 5.

7.James (1985), 359–61.

其他插图

1.Felix Somary. Familienarchiv Wolfgang Somary, Meilen.

2.David Low / Solo Syndication.

3.7.27(2) PEO 3. Bank for International Settlements. BISA.

4.Aristide Briand,André Tardieu,Henry Chéron at the Hague Convention in 1930. Bibliothèque nationale de France.

5.Bank for International Settlements. BISA.

6.Bundesarchiv, Plakatsammlung.

7.Bundesarchiv, Plakatsammlung.

8.Bundesarchiv, Plakatsammlung.

9.Bundesarchiv, Plakatsammlung.

10.Leo Baeck Institute, New York.

11.Senator-Elect Frederick M. Sackett of Kentucky, 12/11/24. Photograph. Retrieved from the Library of Congress.

12.Bundesarchiv, Koblenz.

13.Bain News Service,P.J.Ramsay MacDonald.Retrieved from the Library of Congress.

14.Herbert Hoover. Retrieved from the Library of Congress.

15.Ullstein bild Dtl/Getty.

16.Bundesarchiv, Koblenz.